《山西古村镇系列丛书》

主　编： 李俊明　李锦生　翟顺河

副主编： 于丽萍　薛林平　郭　创

编委会： 张晋耀　赵俊伟　杜雪峰　张　斌
邵丽峰　刘甲敏

《夏门古村》

著　者： 薛林平　梁振昱　刘好华　杨小虎
刘　捷

丛书总序

我曾多次到过山西，这里丰富的历史遗存和深厚的人文底蕴，令人赞叹，给人的印象非常深刻。山西省建设厅张海同志请我为《山西古村镇系列丛书》作个序，在这里我就历史文化遗产和古村镇保护等有关问题谈一些粗浅的想法。

国际经济社会发展的经验证明，一个国家城镇化水平达到30%以后，城镇化进程不断加快，随之出现城市建设的高潮；人均生产总值达到1000～3000美元时，进入经济发展的黄金期，也是多种矛盾的爆发期，这个时期不仅可能引发各种社会矛盾，还会出现许多问题。我国城镇化水平2003年就已经超过了40%，人均生产总值2006年已经超过了2000美元，国民经济快速发展，城镇化进程不断加速；在城市建设日新月异的发展中，中央又审时度势提出了“两个趋势”的科学判断，做出了加强小城镇和新农村建设的决策。过去，我国城市的大批建筑遗存，正是在大搞城市建设中遭到毁灭性破坏。现在，我国农村许多建筑遗产，能否在小城镇和新农村建设中有效保护，正面临着严峻考验。处理好小城镇和新农村建设与古村镇保护的关系，保护祖先留下的非常宝贵、不可再生的文化遗产，是历史赋予我们义不容辞的责任。

对于建筑历史文化遗产的保护，人们的观念不断创新、思路逐步调整、方法正在改进，从注重官府建筑、宗教建筑的保护，向关注平民建筑保护的转变；从注重单体建筑的保护，向关注连同建筑周边环境保护的转变；尤其是近年来，特别关注古村镇的保护。因为，古村镇是区域文化的“细胞”，是一个各种历史文化的综合载体，不仅拥有表现地域、历史和民族风情的民居建筑、街区格局、历史环境、传统风貌等物质文化遗产，还附着居住者的衣食起居、劳动生产、宗教礼仪、民间艺术等非物质文化遗产。我国现存有大量的古村镇，其历史文化价值和社会经济价值都是巨大的，按照英格兰的统计方法，古村镇的价值应占到GDP的30%以上。然而，认识到这一点的人并不多，甚至有人认为古村镇、古建筑是社会发展的绊脚石，这种观点对于文化的传承和社会的进步都是极为不利的。在快速推进的城乡建设浪潮中，我们所面临的最大问题就是，大批历史古迹被毁坏，大批古村镇被过度改造，使中华民族的历史文化遗产严重损坏。在这个时候提出古村镇的保护，实际上是一项带有抢救性的工作。

2008年1月1日开始实施的《城乡规划法》，突出强调了保护历史文化遗产的重要性；2008年4月又颁布了《历史文化名城名镇名村保护条例》。历史文化名城保护工作已开展近30年，历史文化名镇名村保护工作也已启动，现在大家基本达成共识，保护有价值的古村镇，其实就是“保护文化遗产，弘扬优秀的传统文化……保持民族性，体现时代性”。但是，当前全国历史文化村镇保护的形势仍然不容乐观，保护工作极不平衡，

薛林平 梁振昱 刘好华 杨小虎 刘捷 著

中国建筑工业出版社

图书在版编目(CIP)数据

夏门古村／山西省住房和城乡建设厅组织编写．—北京：中国建筑工业出版社，2015.2
(山西古村镇系列丛书．第7辑)
ISBN 978-7-112-17852-0

Ⅰ.①夏… Ⅱ.①山… Ⅲ.①乡村-古建筑-介绍-灵石县 Ⅳ.①K928.71

中国版本图书馆CIP数据核字（2015）第040717号

责任编辑：费海玲　张幼平
责任校对：陈晶晶　张　颖

山西古村镇系列丛书
山西省住房和城乡建设厅组织编写
夏门古村
薛林平 梁振昱 刘好华 杨小虎 刘　捷　著

*

中国建筑工业出版社出版、发行（北京西郊百万庄）
各地新华书店、建筑书店经销
北京方舟正佳图文设计有限公司制版
北京方嘉彩色印刷有限责任公司印刷

*

开本：787×960毫米　1／16　印张：12　字数：287千字
2015年4月第一版　2015年4月第一次印刷
定价：58.00元
ISBN 978-7-112-17852-0
(26893)

一些地方还未认识到整体保护历史文化村镇的重要性，忽视了周边环境风貌和尚未列入文物保护单位的优秀民居的保护，制定和完善保护历史文化村镇规划的任务还十分艰巨；一些地区片面追求经济效益，对历史文化村镇进行无限度、无规划的盲目开发；一些地方擅自改变国有文物保护单位的管理体制，交给企业经营管理。

作为华夏文明的发祥地之一，山西有着丰厚的文化积淀和历史遗存，不仅有数量众多的古建筑，还保存有大量的古村镇。由于山西历史悠久、民族聚居、文化融合、地形差异等多因素影响，再加之较为发达的古代经济，建造了大量反映农耕文明时代、各具特色的古村镇。这些古村镇，一是分布在山西中部汾河流域，以平遥古城为中心，以晋商经济为支撑，体现晋商文化特色；二是分布在晋城境内沁河流域，以阳城县的皇城、润城为中心，以冶炼工业及商贸流通为支撑，体现晋东南文化特色；三是分布在吕梁山区黄河沿岸，以临县碛口古镇为中心，以古代商贸流通、商品集散为支撑，体现晋西北黄土高原文化；四是沿山西省内外长城，在重要边关隘口，以留存了防御性村堡，体现边塞风情和边关文化，在山西统称为“三河一关”古村镇。这些朴实生动和极富文化内涵的古村镇，是人类生存聚落的延续，是中国传统建筑的精髓；保存有完整的古街区、大量的古建筑，体现着先人在村镇选址、街区规划、院落布局、建筑构造、装饰技巧等方面的高超水平；真实地反映了农耕文明时代的乡村经济和社会生活，凝聚了劳动人民的智慧，沉淀了中华民族的优秀文化，传承了丰富的历史信息；具有浓郁的地方特色和很高的研究价值，是人类共同的文化遗产和宝贵财富。

山西省建设厅一直对古村镇及其文化遗产的保护非常重视，从2005年开始，对全省的古村镇进行了系统普查，根据普查的初步成果，编辑出版了《山西古村镇》一书；同年，主办了“中国古村镇保护与发展碛口国际研讨会”，并通过了《碛口宣言》。报请省政府下发了《关于历史文化名镇名村保护工作的意见》，并分两批公布了71个“山西省历史文化名镇名村”，其中18处已经成为“中国历史文化名镇名村”。为大部分古村镇制定了科学的保护规划，开展了多层次的保护工作，逐步形成了科学、合理、有效的保护机制。为了不断提高人们的保护意识，他们又组织编写了《山西古村镇系列丛书》，本系列丛书撷取山西有代表性的古村镇，翔实地介绍了其历史文化、选址格局、建筑特色、非物质文化遗产，内容较为丰富。为了完成书稿的写作，课题组多次到现场调查，在村落中居住生活了相当一段时间，积累了大量第一手资料。通过细致的测绘图纸和生动的实物照片，可以看到他们极大的工作热情和辛勤劳动。这套丛书不仅是对古村镇保护工作的反映，更有助于不断增强全社会的文化遗产保护意识。让我们以此为契机，妥善处理保护与发展的关系，做到科学保护、有效传承、永续利用历史文化遗产，不断开创历史文化名镇名村保护工作的新局面。

是为序。

住房和城乡建设部　副部长

目 录

C O N T

E N T S

CONTENTS

【第一章】

夏门古村 概述

GAISHU

夏门村位于山西省中南部晋中盆地南端，隶属晋中市灵石县夏门镇（图1-1、图1-2），距灵石县城10公里，距太原市160公里，是夏门镇镇政府所在地。夏门村因禹王“打开灵石口，空出晋阳湖”的传说而得名，村落历史悠久，建村最早可追溯到唐朝[1]，到明中期已经形成集镇。夏门梁氏是夏门村最主要的家族[2]，与村落的兴衰息息相关，村中最重要的古堡建筑群即是梁氏家族于明万历年间开始修建的。夏门村背靠龙头岗上，东望韩侯岭，西望秦王岭，汾水自东来，南绕古村，与交口河相汇，向南流去（图1-3）。现存古建筑依山就势、因地制宜，布

图1-1 区位图

1 夏门村的对碑滩摩崖石碑为唐大中三年所立，据碑记“十月过此”、“至二月五日过此……驻旆关亭”推测夏门在唐时形成村落，有朝廷设立的关亭，节度使王宰两次在此停驻。

2 夏门梁家与静升王家、两渡何家、蒜峪陈家旧时并称为灵石“四大家族”。

图1-3 夏门村全景图

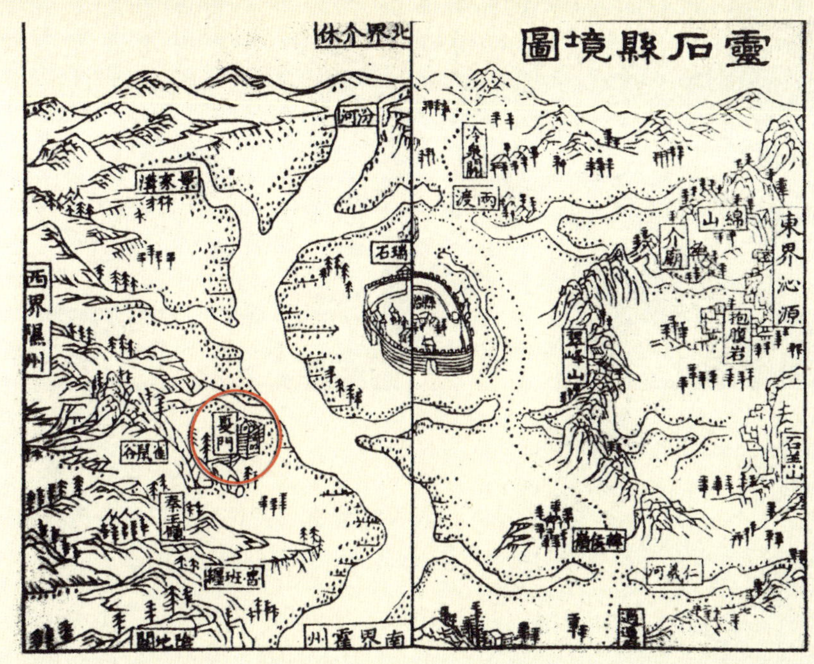

图1-2 清道光五年版《直隶霍州志》"灵石县境图"中的夏门村[1]

1 图片源自清道光五年版《直隶霍州志》

图1-4 夏门古村古建筑群[1]

图1-5 夏门春晓[5]

局严谨、气势雄伟，集中反映了明、清两代堡寨式民居建筑群的特色（图1-4）。村落自然环境优美，“夏门春晓”为灵石八景之一[2]（图1-5、图1-6）。2009年，夏门村被住房和城乡建设部和国家文物局联合公布为第四批历史文化名村；2012年，夏门村被住房和城乡建设部、文化部、财政部三部门公布为首批中国传统村落。

夏门古村地处吕梁山脉与太行山脉余脉的交汇处，汾水冲击而成的汾河谷底中最为险峻的雀鼠谷[3]，这里是太原盆地通往临汾盆地的交通孔道和战略襟喉，由于山势险要，道路狭隘艰险，雀鼠谷早在商周时期便成为兵家必争之地[4]（图1-7），从周宣王二十六年（公元前802年）晋伐狄于千亩，至清顺

1 拍摄对象为梁氏古堡建筑群（永宁堡、大夫第、御史院建筑群）。

2 据民国二十三年版《灵石县志》，灵石八景为翠峰耸秀、汾水鸣湍、苏溪夜月、介庙松涛、霍山雪霁、夏门春晓、冷泉烟雨、两渡秋晴。

3 雀鼠谷长达七十余里，一说长一百四十余里。《水经注·卷六》记载：“冠爵津，汾津名也，在介休县之西南，俗谓之雀鼠谷。数十里间道险隘，水左右悉结偏梁阁道，累石就路，萦带岩侧，或去水一丈，或高五六尺，上戴山阜，下临绝涧，俗谓之为鲁般桥，盖通古之津隘矣，亦在今之地险也。”

4 《周书·武帝记》记载：“建德五年柱国宇文盛守汾水关”。汾水关位于灵石县东南夏门镇至南关镇，处于太岳、吕梁两大山脉夹峙地带，地势险要，为雀鼠谷重要的关口，称作“雀鼠谷南口”；灵石县冷泉关为“雀鼠谷北口”。

5 图源自清嘉庆二十二年版《灵石县志》。

图1-6 夏门春晓石匾

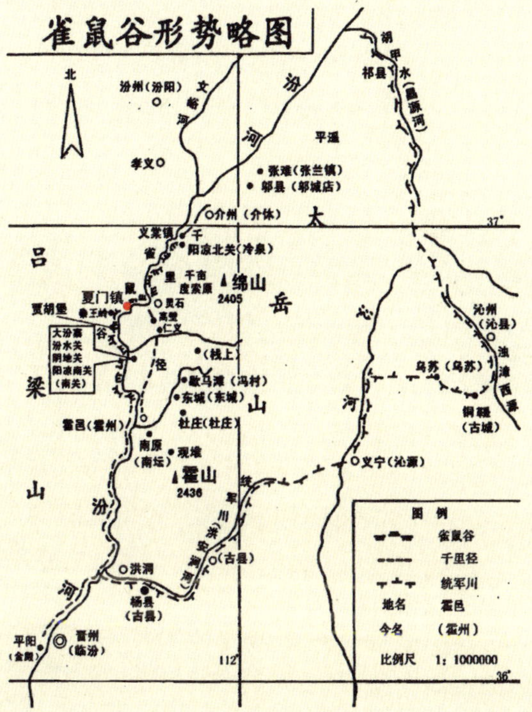

图1-7 隋唐雀鼠谷古战场形势略图[5]

治七年（1650年）故明总兵侯和尚据绵山抱腹崖抗清克介州，仅较大规模者已达20余次[1]。其中以大唐立国前后的两次重大战役最为著名，其一为大业十三年（617年），“渊入雀鼠谷，壬戌，军贾胡堡[2]，去霍邑五十余里”[3]，后大破隋将宋老生于霍邑（霍州）。另一场是其后不久唐武德二年（619年）“王追（刘武周、宋金刚）至雀鼠谷，日中八战，贼皆败，斩首数万，获辎重千乘”[4]的这两场战役最为著名，前者打通李唐西图关中的通道，成为以唐代隋的关键之役；后者则巩固初唐的天下，揭开“贞观之治”的序幕。

隋唐以来，夏门村的军事地位有所下降，而随着“丝绸之路”贸易的兴盛，贸易向北边延伸。作为北通京津，南达陕川的咽喉要道的夏门村，就显得越发繁忙。明嘉靖年间，夏门已经成为灵石县的十大镇之一，清末民初时更是达到顶峰，盛极一时。据记载，当时的夏门商铺一百余间，每日有渡船往来汾河，夜有马帮驼队停留驻足，商家云集、店铺林立，一街灯火，半村不眠，有俗语道：“有女要嫁夏门村，银子磨破脚后跟”。这个时期也是梁氏家族迁入夏门，由农转商，再以商养仕，渐渐壮大的时期。

1 靳生禾，谢鸿喜.隋唐雀鼠谷古战场考察报告[J].晋中学院学报，2008，25(2)
2 括地志：汾州灵石县有贾胡堡。贾胡堡，在霍邑西北。贾，音古。
3 记载于《资治通鉴·卷第一八四·隋记八·恭皇帝下》；此次战役又称雀鼠谷大战
4 记载于《新唐书·列传·刘武周》
5 靳生禾，谢鸿喜.隋唐雀鼠谷古战场考察报告[J].晋中学院学报，2008，25(2)

清末民初，时局动荡，政治腐败，又加上战乱连年，民不聊生。商业贸易也举步维艰，村中的店铺和商号也多倒闭，不复往日的繁华。新中国成立后，由于人口的增长、外姓的迁入和古村用地的紧张，新建的建筑多集中在南侧的滩地，与古村相隔一条马路，形成今天的格局。

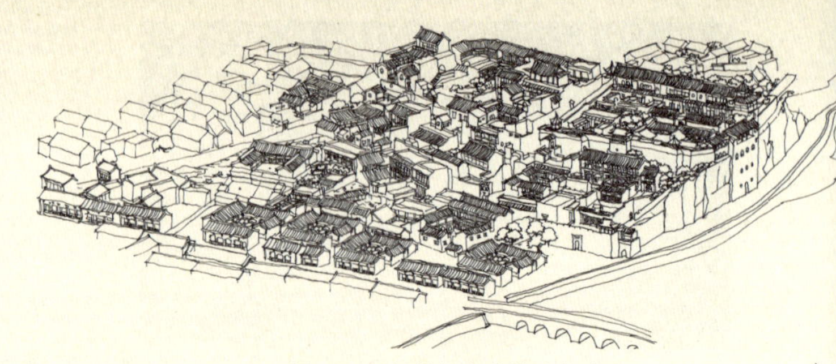

图1–8 夏门村历史建筑群鸟瞰图

夏门村现存历史建筑主要有位于村东部的永宁堡、大夫第、御史院等梁氏古堡建筑群和位于村西部的知县宅、务本院等民居院落。此外，村中还现存有两座庙宇建筑，分别是土地庙、关帝庙。（图1–8、图1–9）

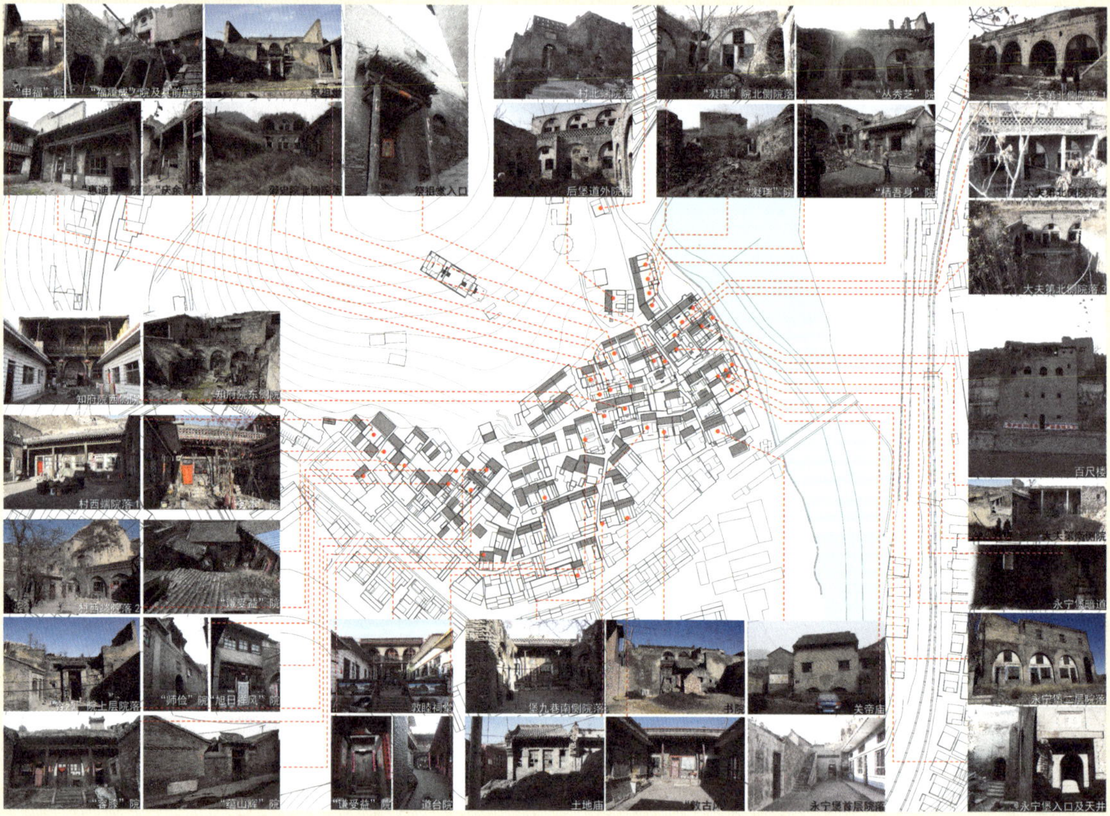

图1–9 历史文化遗产分布图

【第二章】

夏门古村历史文化

LISHI WENHUA

一、村落变迁

夏门村自古便是古战场和重要关隘，早在两千八百多年前，晋穆侯伐狄，就位于今天夏门一代；唐大中三年（849年），河东节度使王宰过夏门，“览其重峦复叠，积树参差，汾水迴奔而潺湲，天险蔽抱而崇固”[1]，留下对碑堂摩崖石碑；夏门村的古堡始建于明万历年间（1573～1620年），距今也有四百年的历史。夏门从最初的古战场和重要关隘，到唐丝绸之路的兴起，越来越多的商人通过古老的栈道[2]，夏门成为繁忙的渡口，到明中期已经形成初具规模的村落；从明末清初，随着梁家的崛起，建成了梁氏古堡，最终形成我们今天夏门古村的模样。

1.古战场——雀鼠谷

雀鼠谷，太岳、吕梁两山夹峙，汾河纵贯其间，地处太原、临汾两盆地之间，自古以来就是重要的交通孔道和战略重塞，历史上发生过多次战争。雀鼠谷峡谷北起介休，中经灵石，南至霍州，长七十余里[3]，以灵石县境内最为险峻[4]。汾河在雀鼠谷峡谷中崎岖陡仄，辗转盘回，狂涛嘶鸣，一派汹涌；唐河东节度萧珙在《河东节度高壁镇新建通济桥记》叹道：“金流汹涌，林麓森沉，东控介峦，西连白壁（关），峰巅万仞，壁峭千寻……则代郡雁门何越之有！”雀鼠谷谷道自古被视为畏途，早在周时便在此设立汾水关，成为重要的战略要地。唐代《括地志》记载：“灵石县有汾水关，后周主邕攻晋州，分遣宇文盛守汾水关，既克平阳，齐主纬自晋阳驰救，分军出千里径，及汾水关，盛拒却之。既而周主自平阳进向晋阳，至汾水关。”

发生在雀鼠谷最早的战役是周宣王二十六年（前802年）晋伐狄于千亩[5]。后有建德五年（576年）冬，周武帝宇文邕东伐齐，进抵晋州（今临汾）后，“遣齐王宪率精骑二万守雀鼠谷，陈王纯步骑二万守千里径，郑国公达奚震步骑一万守统军川……柱国宇文盛步

---

1 出自《唐河东节度使王宰碑记》，碑原在夏门南汾河南摩石崖。

2 途经夏门的古老的栈道有三条，雀鼠谷古道、千里经古道、韩信岭古道，其中以雀鼠谷古道最为古老。

3 另有“百里雀鼠谷”的说法，以灵石县北端的冷泉关(今冷泉村)为北口，灵石县南端的阴地关(今南关镇)为南口。

4 汾河在灵石境的落差最大，又以夏门到南关落差最大，达55米。

5 《史记·卷三十九·晋世家第九》：“十年，伐千亩，有功”。

骑一万守汾水关”[1]。发生在雀鼠谷最为著名的战役当属隋唐时期的两场战役，其一为大业十三年（617年），“渊（李渊）入雀鼠谷，壬戌，军贾胡堡[2]，去霍邑（今霍州）五十余里”[3]，后大破隋将宋老生，另一为唐武德二年（公元619年）“王追至（刘武周、宋金刚）雀鼠谷，日中八战，贼皆败，斩首数万，获辎重千乘”[4]。[5]

如今夏门古村西侧的秦王岭、对面的老生寨，以及古村坐落的龙头岗以及马湾[6]便以当时的战事来命名。老生寨即宋老生驻扎据险阻挡李渊父子大军之处。《资治通鉴·隋纪》记载：（李渊于八月）“辛巳(初九)旦，东南由山足细道趋霍邑……世民与军头临淄段志玄自南原引兵驰下，冲老生阵，出其背”。又有霍州三教乡杜庄村立石于元至元十二年（1275年）的《唐太宗御赐杜将军神泉记》碑记载：“隋末天下大乱，太宗起义兵于太原，过介休，为吕州宋老生据其隘而不能前。”秦王岭即为当初李世民在此观山川考察地形之处。今天看来，秦王岭高拔嵯峨，峰峦陡峭，登秦王岭，可鸟瞰汾河上下，视野辽阔，远近如指诸掌。是以当年李渊南下，李世民北伐，抢占以为军事制高点，则是很自然的。

2.村落的形成和商业的兴起

由于雀鼠谷自古已是咽喉重地，因此后人多寻辟附近山路，开辟出千里径、韩信岭古道，其中韩信岭古道是山西中部的南北之间以至通往陕西、河南的必经的官道。雀鼠谷古道军事地位逐渐衰弱，汾水关也渐渐消失在山川之间。但夏门依然作为连通韩信岭古道与秦王岭的重要渡口，成为重要的商道，到唐朝时夏门逐渐有人定居，出现村落，有诗为证：“九旗云际出，万骑谷中来，石路行将尽，烟郊望忽开”[7]，其中烟郊就指

1 引自《周书·武帝纪》。

2 括地志：汾州灵石县有贾胡堡。贾胡堡，在霍邑西北。贾，音古。

3 记载于《资治通鉴·卷第一八四·隋记八·恭皇帝下》；此次战役又称雀鼠谷大战。

4 记载于《新唐书·列传·刘武周》。

5 大唐立国前后的这两次重大战役，多方史料均有记载。《灵石县志·地理》（明·万历版）记载：“秦王岭，在县西南三十里，唐太宗取霍邑驻马于此，今马蹄迹尚存。”又有《灵石县志》（清·嘉庆版）记载道：“秦王岭峰峦雄伟，汾水撼其麓，折而南趋，昔秦王世民从高祖取霍邑，曾驻兵于此，今马蹄迹尚存。岭在县西南三十里”。另《旧唐书》、《新唐书》和《资治通鉴》也有记载，不再赘述。

6 马湾即汾河在夏门自然形成的河湾，村民唤作马湾，为当年秦王大军饮马之处；马湾之说未有史料，有附会之嫌，但也反映出夏门古代的战略意义。

7 唐开元十一年（723年）唐玄宗带领大臣出巡山西，路径灵石雀鼠谷，君臣互和吟诗，这首诗为左补阙袁晖的《奉和圣制同二相南出雀鼠谷》。

当时的夏门村。随着商道的繁荣，在夏门村设立关卡，过往商旅、行人便在此驻足，夏门东侧的许家店村，即取名自当初汾河岸边供来往商客歇脚的客店，唐诗人张祜游历三晋，停宿夏门村，曾作诗云："千里南来背日行，关门无事一候嬴。山根百尺路前去，十夜耳中汾水声"。

3.夏门梁氏古堡

明朝中期，村落位于今天村落的西侧，东以土地庙为界。随着梁家祖先梁福山在夏门安家落户，经过几代的经营，梁家逐渐在夏门扎根下来，渐渐兴盛起来。到明末清初，朝代更迭、时局动荡，当时当家的梁维屏便下定决心筑堡修寨、以御强敌；在崇祯末年，在龙头岗东侧开始修建堡寨，经过梁家30年的经营，康熙六年（1667年），堡寨修建完成，唤作永宁堡，寓以永避战祸。但当时永宁堡内部建筑并不齐全，仅为防御流寇之用，现在永宁堡的格局是在康熙、乾隆年间慢慢完善的。其后随着梁家商业上的成功，后人逐步建成防卫性十足的大夫第和百尺楼，完善了古堡的防御体系。随着人口增多和夏门有限的土地，迫使建筑向上发展，建筑利用山体的坡度形成逐层退台、鳞次栉比的堡寨式民居建筑群，特别是清嘉庆年间，梁氏因在仕途获得成功，在大夫第的西侧建成御史府和知府院。到清朝末年村落北侧的几个大院也建成，形成完整成片的梁氏家族聚居的堡寨建筑群。

纵观夏门千年来的变迁和村落几百年的建设不难发现，处在咽喉要道的夏门的变迁主要受到了外界因素的影响。在唐以前，政治、军事为主导，夏门这片区域主要作为战场；随着这条谷道的军事地位下降，有人耕种定居下来，渐渐出现出村落；渐渐出现商旅，村人也逐渐出现由农转商的现象；而夏门村堡寨的形式则是由当时时局动荡、匪寇横行的必然结果，这也影响到了之后的几百年夏门村建设，随着商业的发展由商求仕，进一步促进了夏门村的发展。总结夏门村的发展格局，可以发现古村的发展兴衰是跟古村的地理、政治、经济等因素息息相关，这些因素在不同时期轮番转变，以不同的形式导致了古村由古战场到农业村落，再到商业集镇的转变过程（图2-1）。

厦门村的发展演变　　表2–1

时期	村落状态	主要变化	主导因素
唐之前	古战场，为重要关隘	频有战事	政治、军事
唐到明中叶	初步形成村落	军事地位下降，形成村落	农耕、定居
明中叶到明末	村落向东侧扩张	梁家迁入，在原村落东侧定居	外姓氏族的迁入
明末清初	村东形成一条商铺街道，村落向东侧延伸	形成商业街道，开始筑堡，初步奠定村落发展模式	商业繁荣、乱世匪寇滋扰
康熙到嘉庆年间	永宁堡、大夫第建成，村落东西均衡发展	永宁堡、大夫第建成，村落格局已奠定	梁家商业上繁荣，堡寨建设
道光年间	村落向上延伸发展，梁氏古堡，顺应五行，形成堡堡相连的格局	梁家族人高中进士，踏足仕途，进一步壮大，修建知府院、御史院	梁家踏足仕途，进一步建设
新中国成立前夕	村落此时为清末的格局，大院出现部分已转卖或坍塌	大夫第院被拆分、转卖，部分院落坍塌	社会变革，家族没落
现在	村落沿公路呈带状，向东西延伸，同时向南侧河滩扩张	新中国成立后20世纪七八十年代的大量建设	社会发展

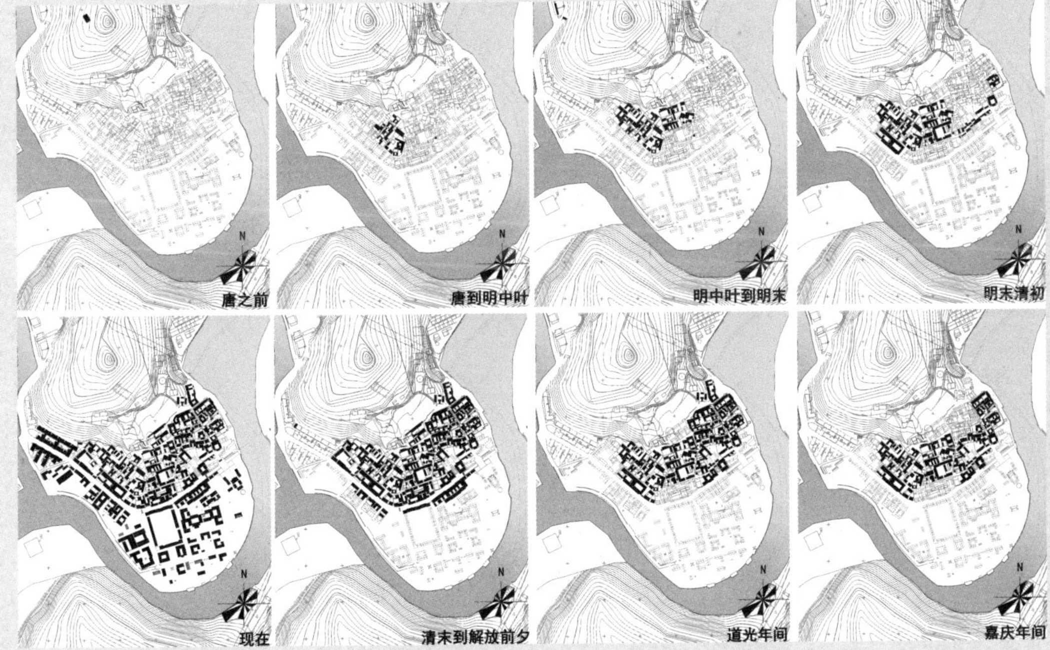

图2–1　夏门村落演变图

二、夏门梁氏

梁氏家族是夏门村最大也是最重要的家族，曾是“灵石四大家族”之一。夏门梁家始祖梁福山是陕西渭南人，约在明朝嘉靖年间（1522～1566年），因频繁水灾，连年歉收，于是背井离乡投奔在大名府任知事的同族老乡梁贯。据后人讲述，梁福山沿汾河峡谷赶路时，途经夏门，观夏门山川风水适宜居住，与自己名字“福山”相合，遂决定定居夏门村。《夏门梁氏族谱》（民国4年敦睦堂藏版）记载：“自吾始祖厚光公由陕西渭南县移居此乡”（图2-2、图2-3）。初来夏门，全家只能寄身村东头的土地庙，福山吃苦耐劳，帮人种田、打杂，渐渐在夏门立足下来。相传当年禹王在夏门在此砍树造船、凿山引水，导致“凤凰不落坡，老龙不抬头”。靠土地兴旺起来的福山，一直对夏门的这片土地和山川有特殊的感情，所以福山在孙子们的名字中都取一“凤”字，有群凤合鸣之意，更暗含“凤凰要落坡，老龙要抬头”的寓意。

福山有五子，其中以二支梁相最有头脑。当时梁家在夏门渐渐立足下来，五个儿子也逐个成家，梁相去县城办事，得知新任知县招贴布告称，因灵石县乃汾河之滨，往年水溢，难以耕种，而近年多旱，可令民开垦，土地归个人，只需交纳一定的地租，梁相遂书写申文，在河滩处种起庄稼来。但在河滩种地若逢秋天洪水，颗粒无收，梁相便发动全族人在滩地处打坝修堤，果不其然，秋天洪水下来，沿河村庄土地均被冲毁，只有夏门村的滩地安然无恙。从此，梁家也渐渐成为夏门的殷实人家，修房盖舍、取媳嫁女，在古村东侧定居下来。

到明万历年间，梁家已经成为夏门的大户人家，弟兄们都另立门户，其中梁相的二儿子梁仪凤

图2-2 夏门梁氏族谱（民国4年敦睦堂藏版）

重修梁氏族譜序

图2-3 夏门梁氏族谱（民国4年敦睦堂藏版）

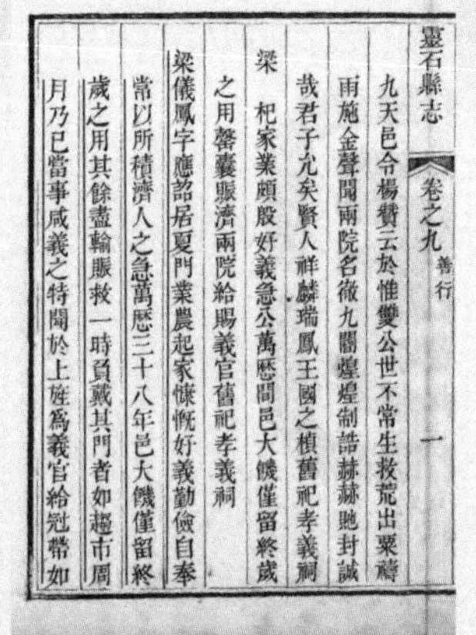
靈石縣志　卷之九　善行　一

九天邑令楊贊云於惟燮公世不常生救荒出粟禱
雨施金聲聞兩院名徹九閽煌煌制誥赫赫貤封誠
哉君子允矣賢人祥麟瑞鳳王國之楨舊祀孝義祠
梁　杞家業頗殷好義急公萬歷間邑大饑僅留終歲
之用罄囊賑濟兩院給賜義官舊祀孝義祠
梁儀鳳字應韶居夏門業農起家慷慨好義勤儉自奉
常以所積濟人之急萬歷三十八年邑大饑僅留終
歲之用其餘盡輸賑救一時負戴其門者如趨市周
月乃已當事咸義之特聞於上旌爲義官給冠帶如

图2-4 《灵石县志》嘉庆版中相关梁仪凤的描述

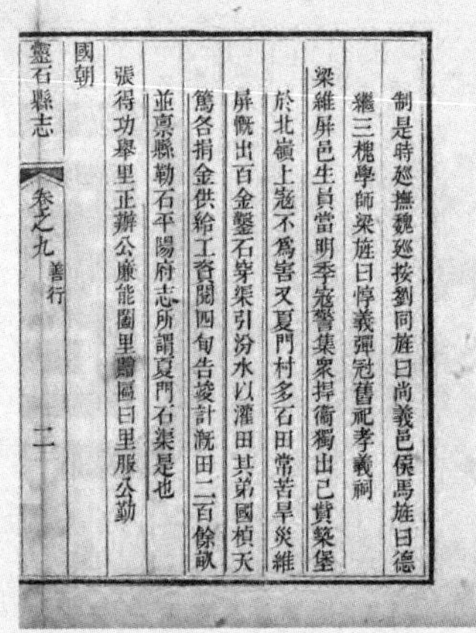
制是時巡撫魏巡按劉同旌曰尚義邑侯馬旌曰德
繼三槐學師梁旌曰惇義彈冠舊祀孝義祠
梁維屏邑生員當明季寇警集衆捍衛獨出己貲築堡
於北嶺上寇不爲害又夏門村多石田常苦旱災維
屏慨出百金鑿石穿渠引汾水以灌田其弟國楨天
篤各捐金供給工資閱四旬告竣計溉田二百餘畝
並稟縣勒石平陽府志所謂夏門石渠是也
張得功舉里正辦公廉能闔里贈匾曰里服公勤
國朝

靈石縣志　卷之九　善行　二

图2-5 《灵石县志》嘉庆版中相关梁维屏的描述

图2-6 梁氏祖茔碑亭[1]

急公好义；万历三十八年，大旱，他节衣缩食，将多余的存粮全部捐出去赈济灾民。《灵石县志》（清嘉庆版）记载：“梁仪凤，字应韶，居夏门，业农起家，慷慨好义，勤俭自奉，常以所积济人之急。万历三十八年邑大饥，仅留终岁之用，其余尽输赈救，一时负戴其门者，如趋市，周月乃已，当事咸义之，特闻。于上，旌为义官，给冠带如制，是时巡抚魏巡按同旌曰尚义，邑侯马旌曰德继三槐，学师梁旌曰惇义，弹冠旧祀孝义祠”（图2-4）。后世因此子孙尊其为“大祖”：“先赠君应韶公，实二支之二派，为吾合族之大祖，所谓敕封义官者是也”[2]。

俗语说虎父无犬子，仪凤的儿子梁维屏，自幼便聪思敏捷，帮父亲料理家务。崇祯年间，天下大旱，又因夏门山多地少，地高水低，眼看一年的收成没有着落了。维屏力排众议，带领族人修建石渠，引汾河之水灌田。崇祯末年，流寇横行，维屏便筑堡卫家，取名永宁，从此奠定了梁氏古堡几百年的堡寨格局。《灵石县志》（清嘉庆版）记载：“梁维屏，邑生员，当明季寇警，集众捍卫，独出己赀（通“资”），筑堡于北岭上，寇不为害；又夏门村多石，田常苦旱灾，维屏慨出百金，凿石穿渠，引汾水以灌田。其弟国桢、天笃各捐金供给工资，阅四旬告竣，计溉田二百余亩，并禀县，勒石平阳府志，所谓夏门石渠是也。（图2-5）”又有《梁氏祖茔碑记》（图2-6）写道：“公讳维屏，字卫吾，

1 夏门梁氏祖坟位于夏门村南侧田地中，20世纪90年代夏门小学新建，梁氏祖坟迁往别处，但其碑亭在梁氏后人的努力下，没有拆除得到保留，学校建设时将碑亭设置于学校西侧楼房一层房间内。

2 出自《梁氏祖茔碑记》。

补博士第子员，光明磊落，不事豪强。明季，流贼四起，乡人逃窜死伤不堪寓目。公奋不内顾，集众捍卫，筑堡于北山之巅，前位重门，后竖楼堂，乡人恃此以无虞。又吾乡环山多石田，崇祯六年，兵氛不靖，野无青草，公慨然独任，引汾水以灌田，曰渠成众受其利，不成则独当其害。出金一百，为杂食补堤之费，沿山开道，渠以告成而时不病旱（图2-7）”。

齐家治国平天下一直是古人最大的梦想，梁家也不例外，非常注重对子女的教育。七世孙梁枢便是廪贡生，时头堡门建成之时，“外翰”、“安攘”便是由梁枢题写；少年梁枢胸怀“脱胎宁作种，冲汉自余情”、“扶摇看直上，六息听长鸣”[1]的豪情，但由于当时清朝大宝初定，频有战事，文人难以科举入仕，梁枢最终只做到教谕[2]，一生壮志未酬，晚年在他的《端午日感题》：

半百韶华老此身，年年午日几芳辰，
惊看秃发全堆雪，羞对榴花再赋春。
艾叶有灵聊应节，蒲觞无分漫随人，
千秋不朽惟忠孝，痛读离骚吊屈均。

图2-7 梁氏祖茔碑记关于梁维屏的描述

流露出凄惨的落魄心情，但又表露出老人老骥伏枥，壮心未已。梁枢晚年苦心修学，编撰《秘枕编文》、诗集《瘦吟草》（图2-8）留于后世。在治家、治学上体现儒学的理念，定五伦，修五教，兴天伦，订立族规家法，明定人伦纲常，使得全族和睦有序。梁枢所学甚博，深明天文地理、自然风水。他发现龙头岗确实是风水宝地，但前人谋划不足，未能尽显地利之用，他便结合五行理论，顺五行、明五方，兴地理，重新规划古堡的布局，利用天桥、地道暗堡或明或暗的方式互相联系、互相守望；同时，在他的建议下，在古堡北方修文昌宫，在古堡南侧修河神庙（今

1 出自梁枢《赋得鲲化为鹏》。
2 教谕，“正式教师”之意，掌文庙祭祀、教育所属生员。

关帝庙），在古堡西侧梁氏祖茔修石牌坊，在东方修建百尺楼[1]，而古堡稳居其中，至此风水补全，夏门村的格局也就确定下来。在《梁氏祖茔碑记》中梁枢写道：“石寨巍巍德镇乎北山之阳，原田每每德流乎汾水之长。生有遗爱，殁有余芳。百年之荫不替，七世之泽愈香。怀哉！怀哉！继承维善，虽百代而犹昌。”为后代着想，梁枢热心教育，学五经、修五德、兴人才，在夏门村开办义学，亲自授课。

图2–8 《瘦吟草》之跋

自梁枢之后，梁家更加热心教育，前后有28族人担任县教谕、训导[2]，捐资助学，捐建竹林书院[3]，形成了重儒兴学，以教为荣的风气，终于在嘉庆年间，出现了桃李争芳、“鸿儒硕彦相追随”[4]的局面，先后有2名进士，8名举人，2位拔贡高中，其中文以十世梁中靖，武以十二世梁枚最为人所知。梁中靖在乡教学八年，在嘉庆三年中举，嘉庆六年中进士，先后在吏部、都察院、大理寺、光禄寺、太仆寺等部门任职，因秉公执法、铁面无私而颇受重用，《皇清诰授中宪大夫太仆寺卿与亭梁公墓志铭》中记载：“公自居言路历卿曹，慷慨激昂，以身许国，凡事之有裨于政治，有利于民生者无不言。”梁中靖的事迹流传甚广，其中以智勘榆次赵二姑案最为人所知，《清史稿·列传一百三十九》记载：“道光四年，平反山西榆次县民阎思虎狱，被议叙。初，思虎强奸赵二姑，知县吕锡龄受贿，逼认和奸，赵二姑忿而自尽，亲属京控。命巡抚亲提，仍以和奸拟结。御史梁中靖疏劾，提解刑部，审得实情是强非和，并原审各官贿嘱、徇纵、回护诸弊状，思虎论斩，赵二姑旌表，巡抚邱树棠、按察使卢元伟及府县各官，降革遣戍有差。诏嘉刑部堂司各官秉公申雪，并予议叙。梁中靖参奏得实，亦加四品衔。”另《山西大典》、《灵石县志》也有记载，更有甚者被人们编成故事、戏曲在民间传唱。

---

1 百尺楼竣工时，梁枢题写“耸霄”于三堡门上。

2 张宝铸等编著.夏门梁氏古堡·中国文史出版社。

3 有碑记《创建竹林书院碑记》为证，原碑存于竹林书院，现已遗失，碑文收录于《灵石县教育志》。

4 出自描写夏门梁家的诗：“村有梁氏邑名流，文采风华敦与俦；鸿儒硕彦相追随，无人不解少陵诗。”作者不详。

十二世梁枚，生性刚烈，磊落不群，幼年饱读诗书“少有大志，又有奇才”，然而“屡试不中，积愤不平”，遂“著书立说，诽谤时事”，其中以《竹山馆诗文集》最为知名，且“平正，通达行于世”；后来，梁枚投笔从戎，投身父亲梁瑞璜所任职的湖南长沙军营中，在带兵打仗的戎马生涯中他屡建奇功，被以军功卓异选为“湖南补用知府”，“军功赏戴花翎”，由于战事紧急，他并未在湖南上任，而奉命被调往甘肃、新疆前线平叛；在驻守迪化（今乌鲁木齐）抗击叛匪，寡不敌众，捐躯沙场、赴身国难，后受到清廷的褒奖，“营次追赠道，照道员例恤”，荫妻封子，“并准自行建立专坊、专祠，谕赐恤赏银两”，“诰授为朝议大夫，晋封通议大夫”[1]。

随着清王朝的覆灭，社会的变革，夏门的梁氏家族也发生了巨大的变化；梁氏家族经历历史的沉浮和时间的沧桑，往日的繁华和富贵早已随风消逝。今天梁氏的后人，诚如其院名“楼吾身”所写，淡泊名利，一心致学；坚守祖业，“农是本，地是命”；他们仍旧谨守着夏门这片土地[2]。

三、夏门古村演变分析

夏门古村约千年的发展历程与梁氏家族几百年在夏门的经营是息息相关的，通过分析夏门梁氏家族发展脉络的整理（表2-2），我们不难发现梁氏家族的兴盛是与村落密切联系起来的。通过其家族的世系，我们不难发现夏门梁氏在其七世开始进入快速发展的时期，在十一世达到顶峰，与之对应的正是清康熙、雍正、乾隆清朝最为繁荣的时期（图2-9），夏门村重要的建筑都在这个时期大量兴建；相关史料中的梁氏捐赠记录中、业绩主要集中在六世到十一世之间。无论是夏门村的变迁还是梁氏家族的发展，都经历了由盛转衰过程，究竟是什么影响了夏门古村的演变？是什么因素推动了夏门古村的发展？是什么决定了夏门古村形成了今天的面貌？接下来从地理环境、政治影响、经济动力、思想文化、建筑技术等因素来分析夏门古村的发展演变。

---

1 出自《夏门梁氏族谱》，在今天夏门，关于梁枚存在争议：一说梁枚为两人，一为七世，另一为十二世，一文一武；另说为十二世，投笔从戎，本文根据夏门世系图表，其中没有七世族人梁枚，仅有十二世，遂采用第二种说法。

2 梁姓仍然是今天夏门最主要的姓氏。

夏门梁氏世系表 表2-2

梁福山
梁松 梁相 梁机 梁威 梁谔
梁凤岐 梁凤鸣 梁凤臣 梁鸣凤 梁仪凤 梁凤才 梁凤仪 梁凤祥 梁凤贵 梁凤钦 梁灵凤 梁栖凤
（四门无传）
（迁至温家庄村，失考）
梁乔 梁行 梁正 梁藻 梁维屏 梁篙
（无传） （无传）
梁腾蛟 梁天纵 梁天锡 （四、五、六、七世失考） 梁升极 梁建极 梁立极
梁大用 梁大受 梁大鼎 梁史 梁肯堂 梁于潜 梁于淇 梁兆禧 梁兆禘
梁谦 梁栻 梁枢 梁光
梁宏魏 梁抚魏 梁敷英 梁温玉 梁倩玉
梁绘星 梁守训 梁发瑞
梁中靖 梁绎
梁瑞璜
梁枚
略至十三世（三门无传）
梁兴銮
略至十六世
梁家斌 梁家睿 梁家毅
略至十八世（长门） 略至十八世（二门） 略至十八世（五门）
略
一世 二世 三世 四世 五世 六世 七世 八世 九世 十世 十一世 十二世 十三世 十四世 十五世 十六世 十七世 十八世

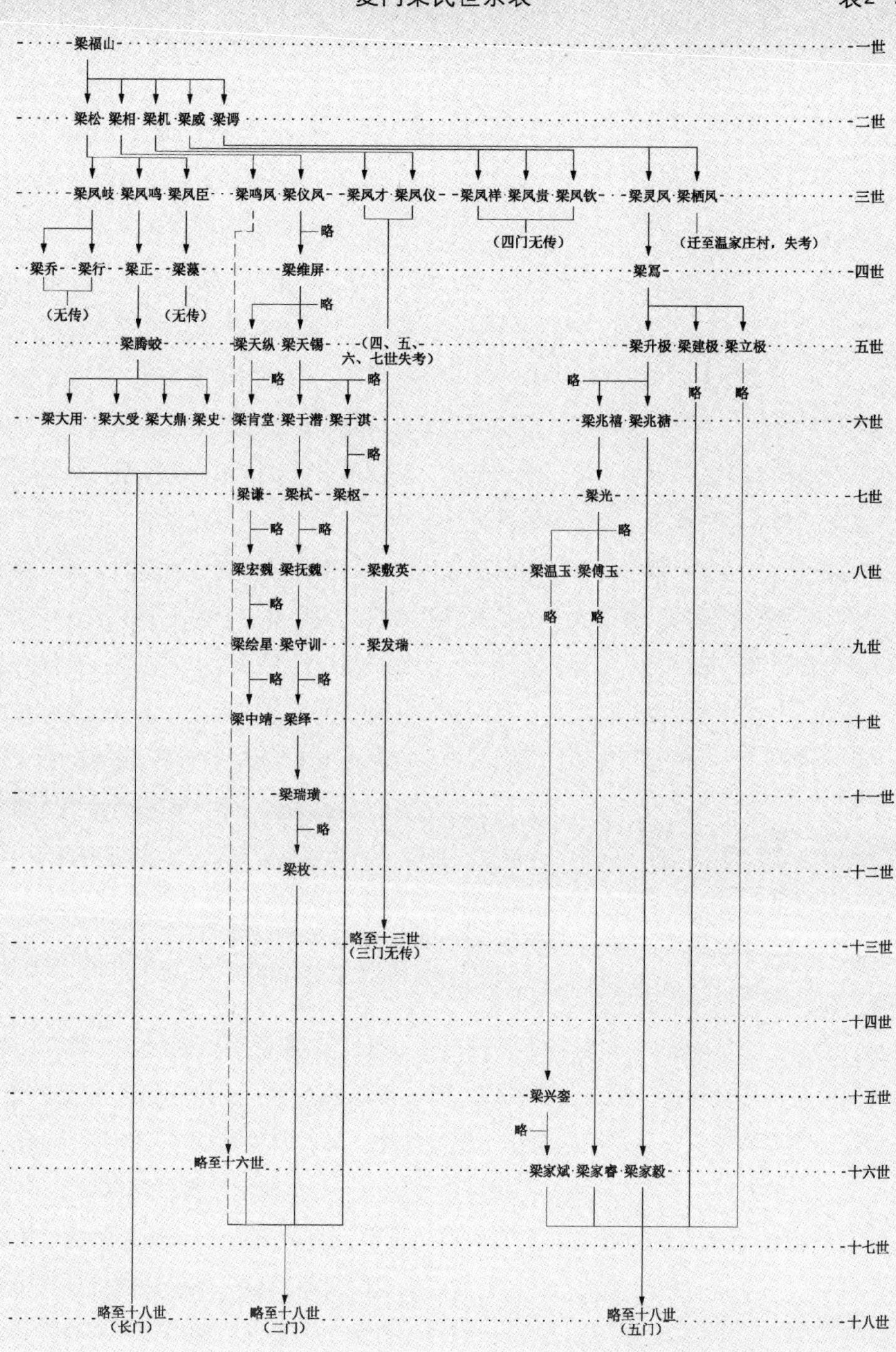

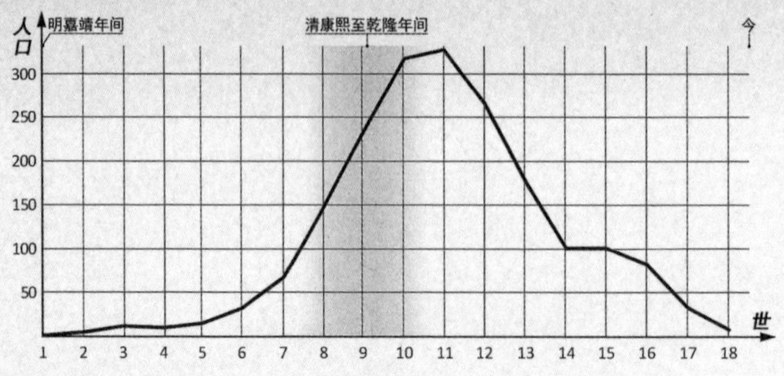

图2–9 梁氏家族人口变化图

注：本图以夏门家谱中世系表为依据，反映人口随世系的变化。另外，现夏门村的梁姓族人主要集中在十四世至十八世。

1.地理环境

山西多山，在山西中部，北起介休、南至霍州一段，由于汾河冲刷吕梁山和太行山之间的地质构造的交接处，从而形成蜿蜒、低洼、大体北高南低的汾河谷地。夏门村具有典型的汾河谷地的地质特征：地势东高西低、汾河蜿蜒绕村而过，周边群山环绕。村庄由北部龙头岗和其三面河滩组成，其龙头岗地势较为平缓、面水向阳，河滩地势平坦、土壤肥沃。又因夏门地处温带大陆性季风气候区，春旱多风、夏热多雨，秋季凉爽、冬季少雪；夏秋两季多雨，春季少雨，常常造成春旱。所以在这样险峻绵长的山地中，拥有土地、水源和较为平缓面南的坡地变成为聚居的理想地点，在绵延七十多公里的雀鼠谷，聚落大多选在这样的地方，如在夏门汾河上游的梁家疙瘩村便具有类似的地理环境。又因汾河谷地为太原盆地和临汾盆地的要道，汾河在夏门处河水放缓，从而形成渡口，随着过往交流的增加，夏门也因此从单纯的农业聚居向集镇发展。在相对封闭的山地村落中，舒适的自然环境使得夏门由于农耕形成安定的村落；而其古老的交通要道的地位则使夏门与外界联系紧密，成为远近与外界联系的节点，成为过往商人的生命线，促进了沿汾河流域的物资、文化交流，并使夏门在明、清两朝形成经济、文化上的繁荣。

2.政治影响

周、春秋，及至唐初，雀鼠谷一直都是古战场，隋唐之后，雀鼠谷一带渐渐安定下来，唐中叶夏门形成村落。到明朝的发展，随着贸易的兴盛，夏门已经成为远近闻名的集镇，供过往商人休息、交易。明末清初，朝代更替，夏门村受到冲击，一改不设防的传统聚居村落的发展模式，形成在山西常见的堡寨型村落，村落具有完整的防御体系。

随着晋商在明末清初的崛起，夏门村虽然没有巨商大贾，也从晋商的繁华中获得了发展，导致了在明末清初的兴盛，促进了夏门梁氏的长足发展。随着清朝的覆灭，传统封建社会的解体，随着赖以生存的土地资源和商业资源纷纷丧失，同山西中部村落一样的命运，夏门从此一蹶不振，逐渐衰落。

新中国成立后，受到“文化大革命”和社会变革的冲击，大大加剧民居、祠堂建筑的破坏。现代公路取代了原有的商道，夏门并没有因此转型为现代集镇，反而因公路建设和南侧河滩的建设破坏了夏门的历史遗产。

3.经济动力

夏门地处山地，土地稀缺，人地矛盾凸显，而又因明末清初的粮草生意的兴盛，故夏门古村的商业是夏门村主要的经济来源之一，形成了以商铺为主的街道，即今天的夏门中街。然而在传统农耕社会中“耕读传家”思想的影响下以及山区的地域限制，商业并没有得到长足的发展。商业成功后的夏门梁氏一直热衷于对土地的追求，在周边地区购买农田。据其后人介绍：夏门梁氏最主要的收入来源是其周边村落的地产的地租。

4.思想文化

传统村落是在传统文化的培育下形成的，夏门亦然。影响夏门的传统思想文化因素主要集中地体现在风水、宗族礼法两个方面。

风水是门古老的学问，在传统的观念中，村落、建筑、墓地等的选址、布局、建设等都受到风水观念的影响。夏门村就选址而言，与传统风水观念暗暗相合，其后随着梁氏家族的迁入，以及七世梁枢以风水观念布局古堡，夏门村无论从村落到建筑布局都可以看出明清时期发展到巅峰状态下的风水思想对于夏门的影响。

宗族礼法是传统中维系家族的纽带，是传统文化中的集大成者。“宗者尊也，为先祖者，宗人之所尊也”[1]，“能以宗法训其家人，而立庙以祀或累世共居”[2]。夏门始祖福山公迁来夏门，仅孤身一人，经过七代的经营已形成五门的大家族，五门分设祠堂；又设梁氏阖族祖祠敦睦祠堂，又称“九门祠堂”，有独立的族田支持独立于五门之上，其宗族组织完善严密、规模庞大而坚固。及至新中国成立，土地改革后，土地和祠堂公有化结束

1 出自班固《白虎通义》。

2 出自清顾炎武《华阴王氏宗祠记》。

了夏门庞大的宗族组织，今天虽然夏门后人仍然致力于家族的发展和族谱的编撰，但与之前却不可同日而语。

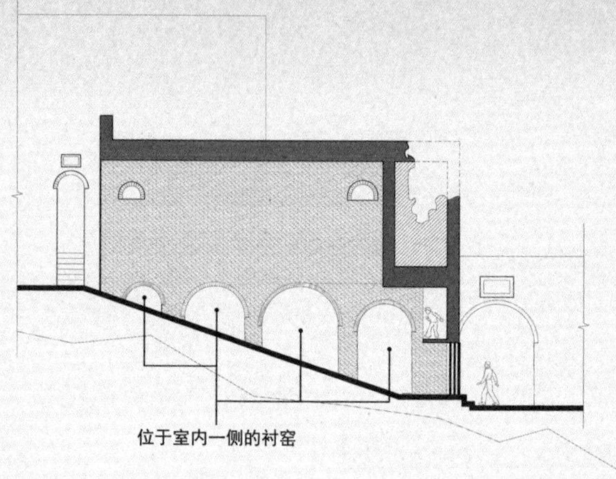

图2-10 历史建筑中的“衬窑”

5.建筑技术

面对地少人多的矛盾，解决这样的矛盾从而形成上下联通的合院建筑群需要高超的建筑技术的支撑：“衬窑”。“衬窑”是指在窑洞一侧利用拱形成小空间的方式（图2-10），在夏门村这样的处理方式非常普遍，且将“衬窑”技术灵活运用形成复杂的空间层次，大大提高了险峻地形下的空间利用，改善地形，增加使用面积；同时“衬窑”也运用在防御堡寨中的暗道之中，增加了其防御能力。

四、夏门古村的风俗习惯

风俗习惯是在特定的社会文化中形成的特定的风尚、礼节、习惯以及禁忌等，风俗涵括广泛，包括衣、食、住、行、婚嫁、丧葬、宗教、岁时等，是体现传统的生活方式和行为习惯。夏门村既保留传统农耕的节日，又流传着代表根祖文化中大禹治水古老的传说，同时受到晋商文化的影响，有着经商的传统。

1.生活习惯

从夏门村的历史来看，夏门村一直作为区域内的集镇[1]，附近村落的集散中心。其夏门

1 集镇是介于乡村与城市之间的过渡性居民点，具有便利的交通位置、定期的集市和一定的商业服务设施，有成规模的商业贸易活动。

主街在明中期到新中国成立前后一直作为夏门村中心，“志失柏舟”牌坊便位于这条街道（图2–11）；近代的公共服务中心（税务，政府等）均集中在这条街道上。街道两侧以商铺为主；新中国成立后随村域向南扩张和东夏线[1]的修建，夏门村核心的商铺和其他服务设施如政府、邮局均搬到公路两侧，现贯穿村落的公路是夏门人的核心的生活空间。今天现代生活对于便利的交通的需求，几乎所有的商店和公共服务设施均沿公路布置，昔日喧嚣、热闹的夏门主街被硬化、宽阔的公路取代（图2–12）。

以农耕为基础形成的狭窄的商业街道，被公路取代后，由于之间仅仅相隔二十多米，原来面向夏门主街开设的商铺、设施都转在公路一侧开设门面。夏门公共中心的南移使得夏门主街显现出少有的静谧，古老而有趣的街道得到了孩提的青睐，活跃在古村的每个角落（图2–13）。今天几乎所有的婚、丧、节庆、娱乐等重要仪式都发生在这条公路上（图2–14）。

图2–11 位于夏门东街的“志失柏舟”牌坊（已毁）

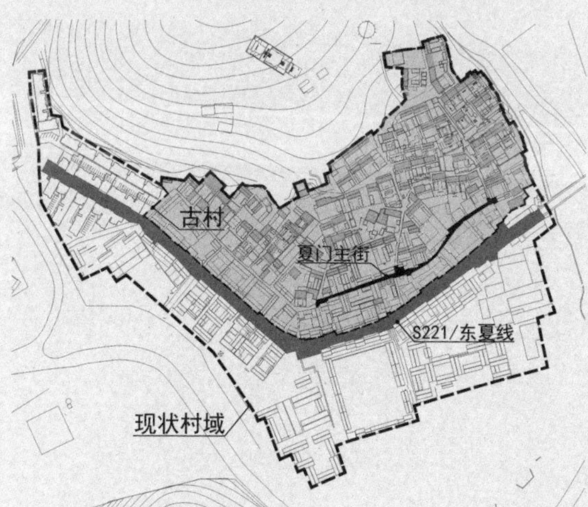

图2–12 街道功能的转变和延续

1 东夏线是指从东观到夏门的省级公路，编号：S221。

图2–13 街巷中嬉戏的儿童

图2–14 丧礼

2.祭祀祖先

图2–15 “祭祖堂”供奉的先人牌位

祭祀祖先是传统社会极其重要的礼仪，在大家族中，祭祀也是维系家族和谐团结的方式。山西有谚：“要想富，敬祖父”，不难看出古人对于祭祖的重视，平日里同一血脉相互提携，有危难时则团结在一起共渡难关；先人逝去时，后人则要行足礼数，既是对先人的追思，亦是希望庇佑后人。祠堂就成为联系家族的场所，在夏门以单一家族为主的村落就显得更为重要。夏门现有祠堂两处，一是“惇叙祠堂”位于古堡的西南方位，系梁氏九门祠堂，为合村梁氏的祠堂；九门即九世绘辰、绘玑、绘璿、绘星、绘山、嵩山、景星、绘章、绘元，为宗祖的九支派。另一为“祭祖堂”，原为供奉梁氏第二支的祠堂，后“惇叙祠堂”拆毁后，为全堡梁氏家族共同祭祖的地方，供奉“梁氏历世祖宗之位”。另夏门村曾有7处家庙，现均已无遗存。

“祭祖堂”供奉的先人牌位，均有木质外罩，并以镂刻为装饰，牌位上文字以正楷字体书写，按照时间顺序，依次考察牌位上的内容，便可整理出梁氏宗族的发展脉络。以前，这些按照长幼尊卑顺序排列于祭祖堂正窑，有木制神龛，可惜年代久远，疏于维护，已散架；上有对联：“莫道神圣达，诚心自然知”（图2–15）。

3.节日

1）添仓节

添仓节是正月里的一个主要节日，宋代孟元老在《东京梦华录》中就有这样记载：“正月二十五日，人家市牛羊豕肉，恣飨竟日。客至苦留，必尽而去，名曰填仓。”但夏门的添仓节又有所不同，分”小添仓节”（农历正月二十）和“老添仓节”（农历正月二十五）。《灵石县志·卷一·风俗》（民国二十三年版）中载：“二十日各家囤添粮，缸添水厂炭镇门；以黄米面作糕灯。祀仓神，名曰添仓。二十五日亦如之。”添仓节这天，每家每户都要用黄米面捏糕灯，糕灯分两层；底层造型有布袋、元宝、包袱等；顶层糕灯又叫灯瓜瓜，造型有四角形、圆形等。灯瓜瓜中添上麻油，插上灯捻，备点。天一黑，将灯点着，分别放在

粮囤、磨盘、碾盘、衣箱、睡炕、窗台、水缸、炭堆等上面。家中、院落里灯火映照，十分热闹。这时，小孩子争相来“偷”糕灯，“偷”走糕灯的孩子预兆可以长高，主家预兆粮食越来越多。另外，添仓节这天讲究往粮囤里添粮、水缸里添水、用炭块镇门等。

2）龙抬头节

一出正月，便是龙抬头节（农历二月二），也是夏门村的一个重要节日。一年之计在于春。这天，男人都要剃头，不戴帽子，预示着头轻了，烦恼少了。有俗语说：“撂了帽子跌了鞋（音同“孩”），一年四季大发财。”这天还有一个习俗就是做煎饼吃（用腊月里洗罢面筋的粉汤，放到二月初二，发酵好了，用这种粉汤摊煎饼，又薄、又匀、又香；摊好的煎饼，卷上各种菜来吃。摊煎饼俗称“扯龙皮”，夏门位于汾河岸边，意在驯服龙王，让它服服帖帖为村民造福。这天各家扫除屋内，名曰“除虫”；又于厕所及门前撒以石灰名曰：“除瘟”。

3）寒食节

夏门一带谚云：“先寒节，后清明，一百五日在当中。”寒食节是为纪念介之推而设的。寒食节是从冬至后的第一百零五日的前一天寒食开始，后一日清明为终，共禁火三天。《直隶霍州志》载：“清明前，灵石东乡村相沿冷食，三日不举火，约禁颇严，感介神也。州城（霍州）、赵邑（赵城）皆无此风气矣。”故此地乡约成俗，约禁颇严。晚唐诗人李商隐路宿灵石，曾吟诗《寒食行次冷泉驿》云：“自怯春寒苦，哪堪禁火赊”。

4）河神生日

农历六月初六为河神生日，夏门村要在关帝庙为河神唱大戏，求河神开恩，天降大雨，拯救黎民。夏门的古稀老人提起当年祭祀河神的盛况，还都记忆犹新：六月六当天，要选一位德高望重的老者到汾河滩去找一种头大而方的蛇，据说是河神的化身，找到后要在关帝庙供奉起来，开戏后，要将戏簿放到河神前，河神头点哪出唱哪出；一连三天唱下去，直到河神自行离去，若河神“盘着不走，就得唱”，直到离去方可停歇[1]。夏门村每年六月六祈求河神保佑一年风调雨顺的乡俗，可谓独特而神奇，只此一家。

1 根据居住在关帝庙的老人常子鑫的描述撰写。

4.民间手工艺

夏门村人结合当地民间工艺，创造出了具有当地特色的民间工艺品。其中有刺绣、剪纸、泥塑、花馍等（图2–16～图2–19）。另外夏门村独有的黑矾丸远近闻名，黑矾丸为夏门郭氏祖传秘方，主治小儿食欲不振，面黄肌瘦。有健脾开胃之效。黑矾丸主要由黑矾、红枣、食醋、五谷虫、苛子、使君子、黄连、夜明沙8种药材制成，清代光绪年间已畅销灵石县内外。

图2–16 剪纸

图2–17 剪纸和花馍传承人程梅丽

5.传说

灵石县在隋朝置县，因天降陨石而得名，迄今已有1400余年的历史。汾河由北向南穿县境而过。汾河流经处，太行、吕梁两山系遥相对峙，气度凛然，形成有名的灵石大峡谷，当地人又叫“灵石口”。民间流传禹王治水“打开灵石口，空出晋阳湖”的传说[1]。据史料记载：大禹为了根治水患，带领先民“既载壶口，治梁及岐；既修太原，至于岳阳”[2]地名所指，皆汾河一线。而治水的根本所在就是要打开灵石口，排出晋阳湖水。

为了纪念禹的功绩，夏门村的夏便是取名自“夏禹”，门则指夏禹打开石门的地方。夏门村还保存有灵石口遗址，以及关于大禹治水的传说、故事、诗词、典籍。同时，灵石县内有王禹村，王禹村有禹王祠、望汾源、禹王饮马池等遗址。明代万历版《灵石县志》载：“相传夏禹曾游于此，因立祠，故名。”又载：“县北七十里处有望川原，相传夏禹治水于此向北观望，立望川神，故名。”

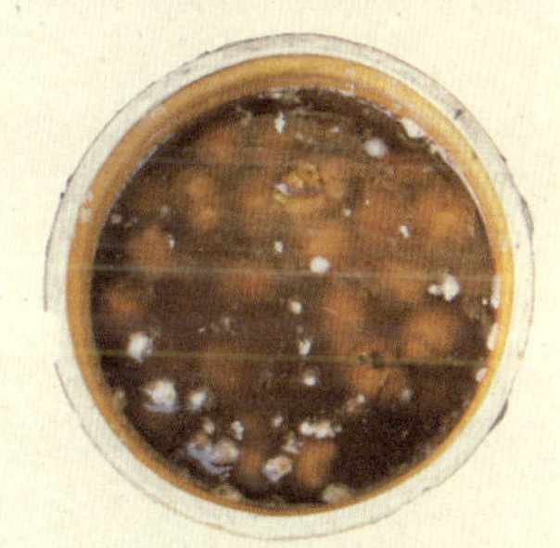

图2–18 村民腌制的咸菜

图2–19 花馍

1 灵石县以“大禹治水的传说”为题申报市级非物质文化遗产，并于2008年3月28日公布为晋中市第一批市级非物质文化遗产。

2 出自《史记·卷二·夏本纪》。

6.戏曲

夏门村一带流行着一种独特的秧歌，为“干调秧歌”。以清唱为主，只有人物出场时才有鼓乐伴奏。边唱边道白。主要以响亮的唱腔和动人的表情来表达剧情，感染观众。干调秧歌源于民间，流行于民间，具有浓郁的乡土气息。主要剧目有《小放牛》、《三娘教子》、《卖花》、《钉缸》等。我们不难想象，秧歌唱起，身板扭起，一派热闹祥和的场景。

正如遗弃在夏门村角落里的石碾石磨（图2-20），古老的村落经历了几百年历史的沧桑沉浮，随着历史的车轮穿过高山、穿过深谷，带给夏门以辉煌和艰辛，是我们今天弥足珍贵的财富，而这些也一定会带到夏门的未来中去。

图2-20 散落在角落里的石碾石磨

【第三章】

夏门古村空间格局

KONGJIAN GEJU

一、村落选址

传统农耕社会是从土壤中长出来的社会，重视天人合一，以人为本，强调人和自然的统一。夏门村依山傍水，负阴抱阳，居高临下，视野开阔；前对峭壁以为屏，后倚峻岭以为靠，下临汾水以为险，底坐磐石以为基，自然环境和风水堪舆都具有研究价值。

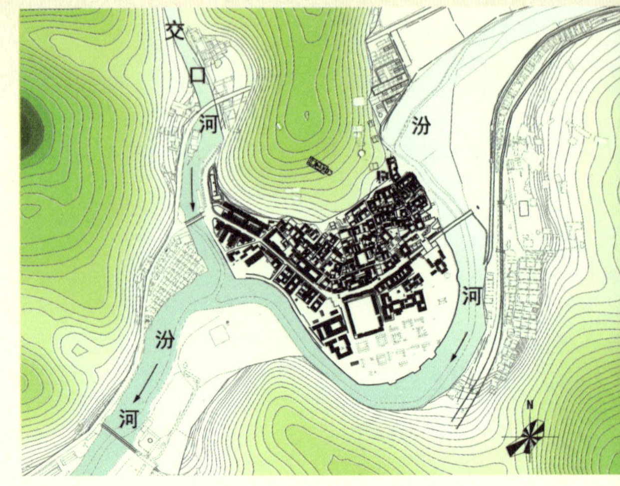

图3–1 夏门村平面图

1.自然环境

夏门村建于秦王岭的龙头岗上，“绵山何垒垒，汾水自洋洋”[1]，四面山川围绕，正是“四面山光合，一曲水流长”[2]。夏门村充分利用了周边的山川河流，形成独特优美的景观（图3–1）。夏门村北靠的秦王岭是吕梁山脉的余脉（图3–2），南侧为太岳绵山（图3–3）；夏门村地处两山脉交汇处，周围山势变化，山形独特。龙头岗（图3–4）是夏门村人给村落所在山头起的名称，以纪念唐朝的雀鼠谷大战，村落位于龙头岗的半山腰处，背北朝南，而龙头岗突出于北侧的山脉，置身于此仿佛置身于群山环绕之中。又因黄土高

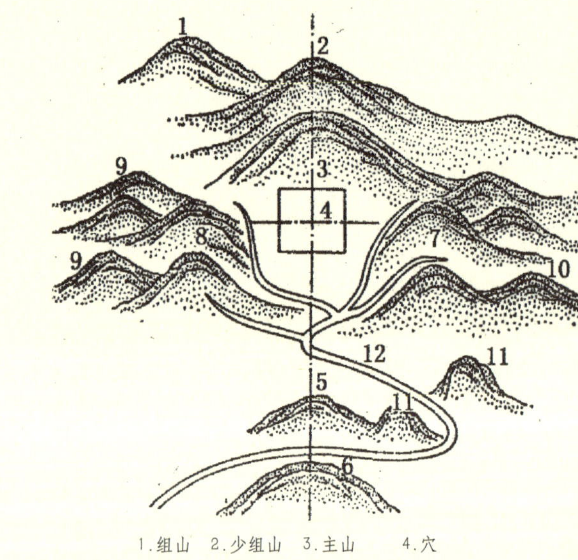

1.组山 2.少组山 3.主山 4.穴
5.案山 6.朝山 7.左臂砂 8.右臂砂
9.护山 10.护山 11.水口砂 12.水流

图3–4 村落理想的风水格局[3]

1.2 出自梁绘章《夏门歌》；梁绘章（？～1810年），字子云，号慵岩，为夏门梁氏第九世族人。

3 图片源自：段进，揭鸣浩.世界文化遗产宏村古村落空间解析[M].南京：东南大学出版社,2009.P39.

原，水土流失较重，周边群山虽然也有植被，但难掩那独特的黄土，形成山西晋中地区独特的山川景观。

村落的南侧，原为汾河的滩地，随着历史的变迁，汾河水位下降，已被开垦为耕地。汾河蜿蜒而湍急，从东绕南侧耕地与村落西侧的交口河相汇。汾河流经黄土高原，有“大水大沙”之称，由于上游的水土流失更甚，流到夏门村的汾河呈现的是独特的黄色，与周边的山体相映衬，浑然一体。汾河流经夏门村形成独特的“Ω”形，河道时宽时窄，水流时而湍急时而平静；夏门村百尺楼位于汾河的转折处，河流湍急（图3-5），渐渐随着河道变宽，水流逐渐平静，与村西侧交口河相汇，蜿蜒而去。

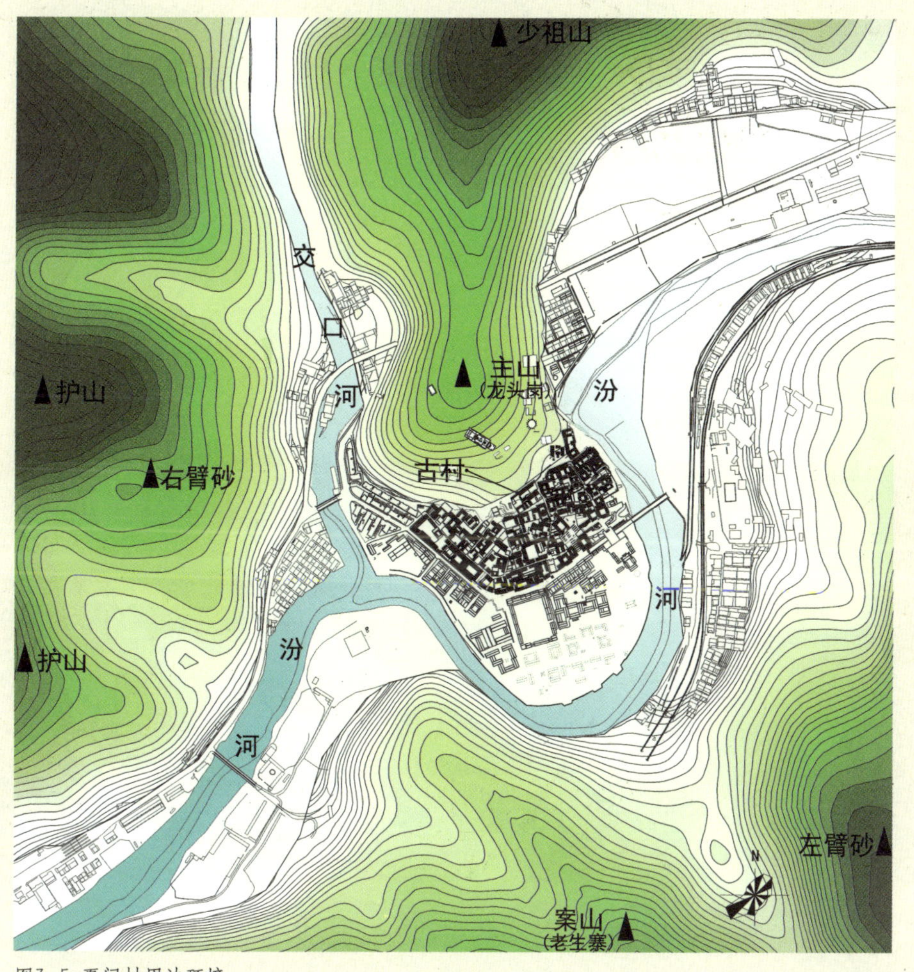

图3-5 夏门村周边环境

第三章

夏门古村空间格局

图3-2 北侧吕梁山脉

图3-3 南侧绵山山脉

巍峨的群山和滔滔的汾水，自古便是远近闻名的景观，现村东侧石壁有清代灵石知县王志瀜题写“夏门春晓”，为灵石八景之一。梁绘章曾作诗云：“遥望汾水东，小桥通古寨。田畴篱舍稀，云窟山居隘。落花鸟衔飞，隔林人共话；安得摩诘诗，写入辋川画。”[1] 诗中描绘出小桥古寨优美宁静的春天的景色：飞鸟衔花、隔林共话，诗情画意，令人陶醉。又有清朝李先达《夏门道中》：“峭削夏门道，疏排禹力神；沙寒流水急，石乱野桥新。仄经犹容马，穷椒尚住人；清风携满袖，肃穆小阳春。”描绘的是旅人途经此处，面对山川险峻的惊讶和感叹，又感慨居然有人居住于此，阳春石桥、乱石仄经，一派峥嵘的景象。

2.风水堪舆

在传统社会中，无论城市还是乡村，选址不仅仅是对优美自然环境的取舍，而且体现在族群对于选址的认识、取舍和价值观，“一个“好”基地——不论是湖、是河、是山、是岸——根据文化来定义和解释”[2]。在传统的农耕社会中，浓厚的传统文化熏陶下形成了一套追求人与自然相和谐的方法——风水，也称堪舆。在传统社会中，乡村是根植于土地的，既方便于农耕生产又方便生活，外加传统对于土地的重视，“耕读传家”的思想更加促进了乡村宗族的发展。便形成了在村落选址时，根据种种理想化的布局要求，期望宗族兴盛，财源广进、文运兴旺等等；这些要求具体为：背靠主龙脉生气的祖山、少祖山、主山，左右是左辅右弼的砂山——青龙白虎，前有生情的水流绕过，或是带有吉祥色彩的弯月形水塘，水的对面要有对景案山，更远处是朝山。这种理想的风水格局也可理解为内向封闭的防御形态的外延，从而形成的两个封闭圈：即由主山、左青龙右白虎、曲水案山形成的第一道封闭圈；由少祖山、祖山、护砂及朝山构成第二道封闭圈[3]。（图3–4）对比夏门村周边的山川河流，不难发现（图3–5、图3–6）：夏门村就是按照这种理想的风水格局来选址的。

从村南侧的老生寨山可以清晰地看出：夏门村北靠主山（龙头岗），与左右两边的砂山以及南侧的案山（老生寨）形成第一道封闭圈，汾河水从东侧蜿蜒地穿过这道封闭圈，

---

1 出自梁绘章的《隔河望许家店得画字》。

2 拉普普著.住屋形式与文化[M].张玫玫译.台湾：境与象出版社，1976.

3 根据：王其亨主编.风水理论研究[M].天津：天津大学出版社，1992.

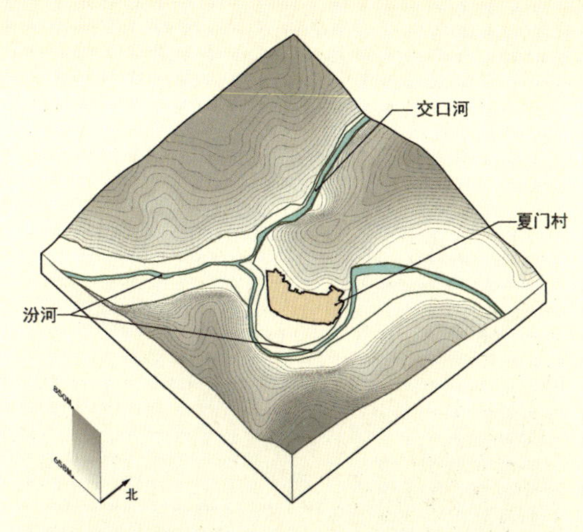

图3-6 夏门村周边地形分析

远处的少祖山、祖山和东、西两侧护山以及南侧的朝山形成第二道封闭圈，形成"枕山、环水、面屏"[1]的风水格局（图3-7）。

传统村落的选址受到风水堪舆观念的影响，村落的布局和发展也受到了风水的影响和指导。风水中认为水是财富的象征，会带来财运、庇佑家族兴旺，甚至是关系村落生死、前程的象征，而汾水流经夏门形成的"Ω"形，符合前有溪水似金带环绕，在转折处形成天然的水口，水口处弯曲有收纳万金的寓意（图3-8、图3-9）。在村落形成的早期，由于村址东高西地，首先在现村址西侧形成村落，与出水口相对，形成对景；而东侧的入水口，水流最为湍急，不适宜定居[2]，这也是村落只在今天村落西侧形成的原因（图3-10）。

图3-7 夏门村的风水格局

1 何晓昕编著.风水探源[M].南京：东南大学出版社，1990.

2 传统风水观念认为湍急的河水旁边，不适宜居住，而曲水环抱的河流，流速慢，噪声小，适宜居住，又无水患之忧。

图3-8 入水口

图3-9 出水口[1]

图3-10 百尺楼与入水口

1 此处又被村民称为“马弯”，传说为秦王李世民大军饮马之处。

随着梁氏家族的发展壮大，南侧滩地地势低洼，有洪水的忧患，不适宜居住，村落西侧已没有空地，只得向东侧发展。恰逢当时朝代更迭、匪患四起，出于防卫的要求，形成今天我们看到的梁氏古堡堡寨。为改变不利的风水，梁枢[1]创造性地在村东侧修建四层高的百尺楼，将高高在上的大夫第与汾河水畔联通，起到补益风水之用[2]（图3-10）。是否改善了梁家的风水，左右了后人的命运暂且不提，这创造的工程着实改变了夏门村东侧的面貌，形成了“夏门春晓”最佳的观赏点，人们可在绝壁之上品茗、饮酒、赏景；同时又成为优美的景观，“夏门春晓……楼阁参差，建于矶石之上，飘然飞动。每值春和，满岸桃花，间以垂柳，如展青绿界面画卷，暖风迟日，居然仙境”[3]。

二、总体格局

在古村落的发展过程中，村落中的家族演变、变迁会影响到村落的格局演变，从而影响到村落的空间形态。村落的空间格局是在村落的整体格局环境下，由建筑院落和街巷空间组织形成，所以探讨古村的空间格局首先要谈及村落的整体格局及其演变；其次从街巷空间——村落空间格局的骨架剖析古村的空间组织方式；再深入从建筑院落空间——村落空间格局的构成单元探讨村落空间的肌理。

根据夏门村的历史，夏门村自形成聚落到今天村落的状态的发展演变，可以简述自然聚居的聚落随着单一家族（梁氏家族）的迁入、家族的发展和壮大，其村落的规模和格局也发生了本质性的转变过程。在夏门村梁氏家族迁入之前，村落格局呈现为自然聚居，梁氏家族的迁入导致村落向东侧发展，夏门古村（位于现村址西侧）由多姓氏杂居的自然村落转变为单一家族主导的村落（图3-11中早期的夏门村）；随着梁氏家族的壮大，以及当时时局的影响，在村落东侧高处修建防御性强的堡寨民居，此时村落的中心从原古村（村西）转移到了村中部梁氏祖居附近，并在此处修建惇叙祠（图3-11中明末清初时的夏门村）；随着梁氏家族的兴盛，家族的扩张也延续了堡寨的形式，形成整体的组团，特别是

1 夏门梁氏第七世族人。

2 从风水的角度看：巍峨的百尺楼与湍急的汾河水相对，砖石代表“土”，“土克水”，起到镇水之用；同时百尺楼又有通道连向院落，起到“引水”的作用。

3 引自民国二十三年版《灵石县志·名胜》。

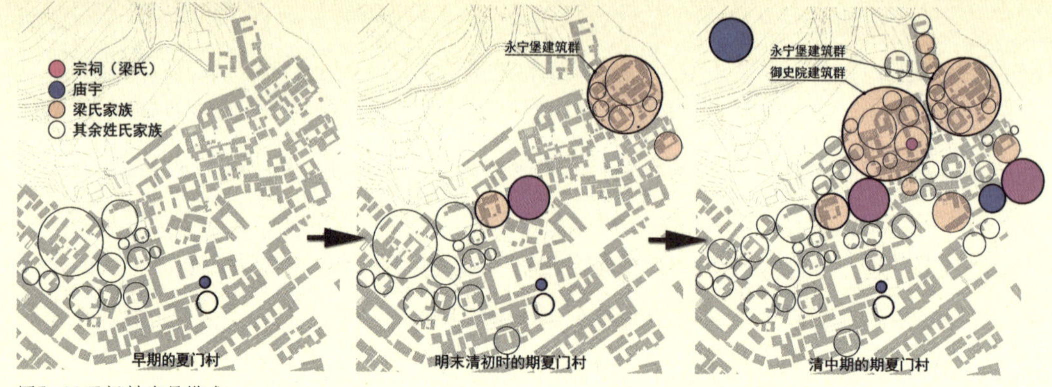

图3—11夏门村发展模式

图3—12 夏门古村格局图

御史院和知府院建筑群延续了最初大夫第、永宁堡组团的模式，这个时期其他民居也随着梁氏家族而向东延伸；村落的中心逐渐向东移，围绕东侧建筑群新建祠堂、扩建庙宇（图3—11中清中期的夏门村）。

由此可见，夏门村的格局主要是由宗族关系决定的，因此虽然地形复杂、建筑群组织繁复，但村落格局十分清晰。单一姓氏的发展壮大，又受到地形和时局的影响，从而形成以堡寨形式，按宗族聚居为主导的模式；其余姓氏或较小的家族围绕几个堡寨民居群的总体格局（图3—12）。

三、街巷空间[1]

1.街巷格局

街巷是随着村落的发展逐渐形成，并随着村落的变迁发生演变。夏门村的街巷纵横交错，随着地形的复杂变化，呈现出错综复杂的面貌；但村落的道路虽然形态自由、多变，却并非无章可循，对照前文关于古村格局的分析，可以看出村落的格局的演变对村落街巷的构成和形态的影响和村落宗族的扩张和宗族的思想对于街巷空间肌理的影响（图3–13）。从图上我们可以看到夏门村的路网东西道路向由自西向东贯穿的主街和梁家巷、堡九巷、树德巷、后堡道等巷道组成，南北方向由大夫巷等3条南北贯穿街道组成。街道沿着由西向东延伸时，呈现出由密向疏的变化，由道路所围合的建筑群亦呈由小变大的趋

图3–13 夏门村路网

1 本节所指的街巷、道路、路网均指村落中的公共道路。

势，这正是由于村落的向东扩张时梁氏家族营建堡寨的家族策略的影响，家族聚居和堡寨的修建使得道路围合的建筑组群规模增大，且之间的关系更加紧密，村落的主干道不能从中穿过。

结合夏门村的建筑组团自西向东由小变大的趋势，我们不难发现夏门村的街巷也呈现出由“枝”状向“网格”状转变，网格状路网由“密”到“疏”的转变。据夏门村的演变发展历程来看，夏门村的街巷可以分为三部分：早期夏门村的街巷为“枝”状街巷结构，是由于早期聚落聚居，结构较为单一，村落的联系性并不强，依靠一条东西主干道联结形成的；随着梁氏家族的迁入，早期梁家的住宅祠堂紧紧依附于早期村落，村落内部的联系需求增加，单一的“枝”状路网被“网格”状路网取代；而位于村落东侧呈现的街巷又有所不同，其尺度（街巷之间的距离）要比东侧的路网大得多，虽然延续了既有的“网格”状路网，但由于这个时期建造的都是大型的防御性堡寨民居，其余民居也受到了影响，形成了大片的防御型民居建筑群（图3–14）。在古村落中建筑与街巷互为图底，从这三部分路网所围合的图底——建筑组团来看：在村落东侧尽端路居多，构成图底[1]的建筑组团亦多为单个院落组成；中部的建筑组团由多个院落组成，并且出现了多进院落；而村落东侧，

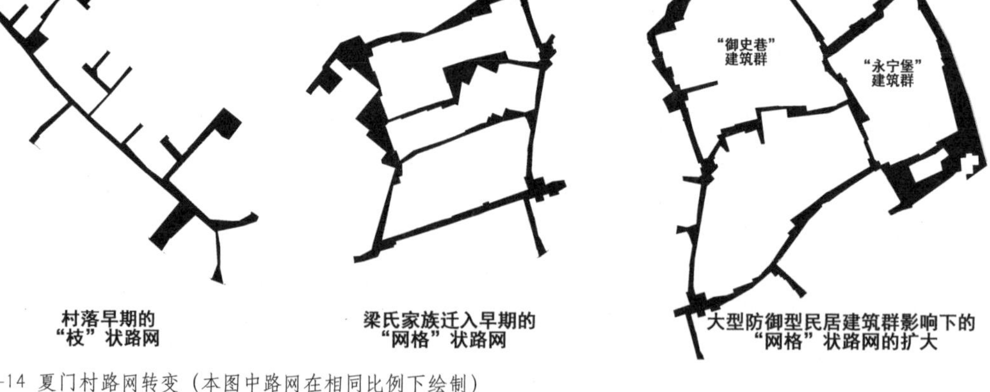

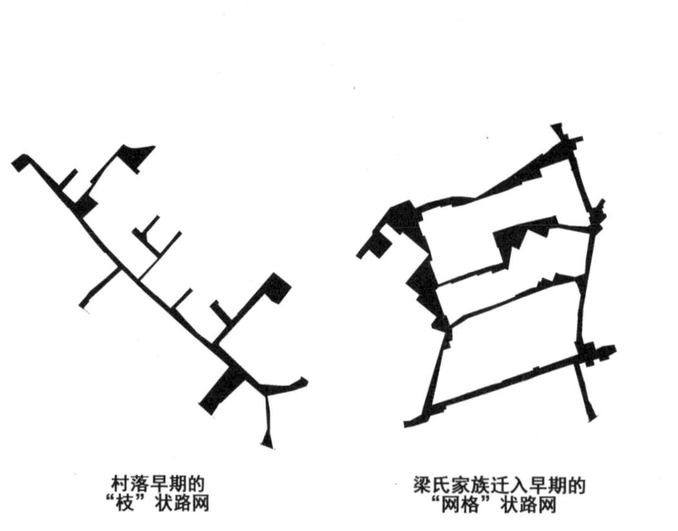

图3–14 夏门村路网转变（本图中路网在相同比例下绘制）

1 在古村落中，建筑与街巷互为图底。

图3-15 夏门村路网与建筑组团

虽然路网尺度大，其建筑组团是由多进、多路的院落群组成，其内部组成变得更为复杂（图3-15）。观察夏门村的街巷空间，我们不难找到两种趋势：一、传统观念下，由街巷围合的建筑组团经历由少到多，由多到成系统的建筑群发展变化趋势；二、随着村落的发展，村落规模的扩大，"枝"状路网必定被更有效率、连通性更好"网格"状路网取代，"网格"路网随着成系统的建筑群家族建筑群的出现进一步扩大，路网中的次级街道被建筑群内部道路所取代，就路网的连通性而言反而出现下降，路网反而居于从属地位。

通过对夏门村道路路网视线整合度[1]分析，可以发现：夏门村中部道路即夏门主街和御史巷在村落道路中具有更加重要的地位，这正是夏门村路网从西向东演变的痕迹（图3-16）。

1 空间句法理论中一种分析方法，通过研究几何图形中的内部各部分之间的连通关系，分析其几何图形中的个部分之间连通性的差异。

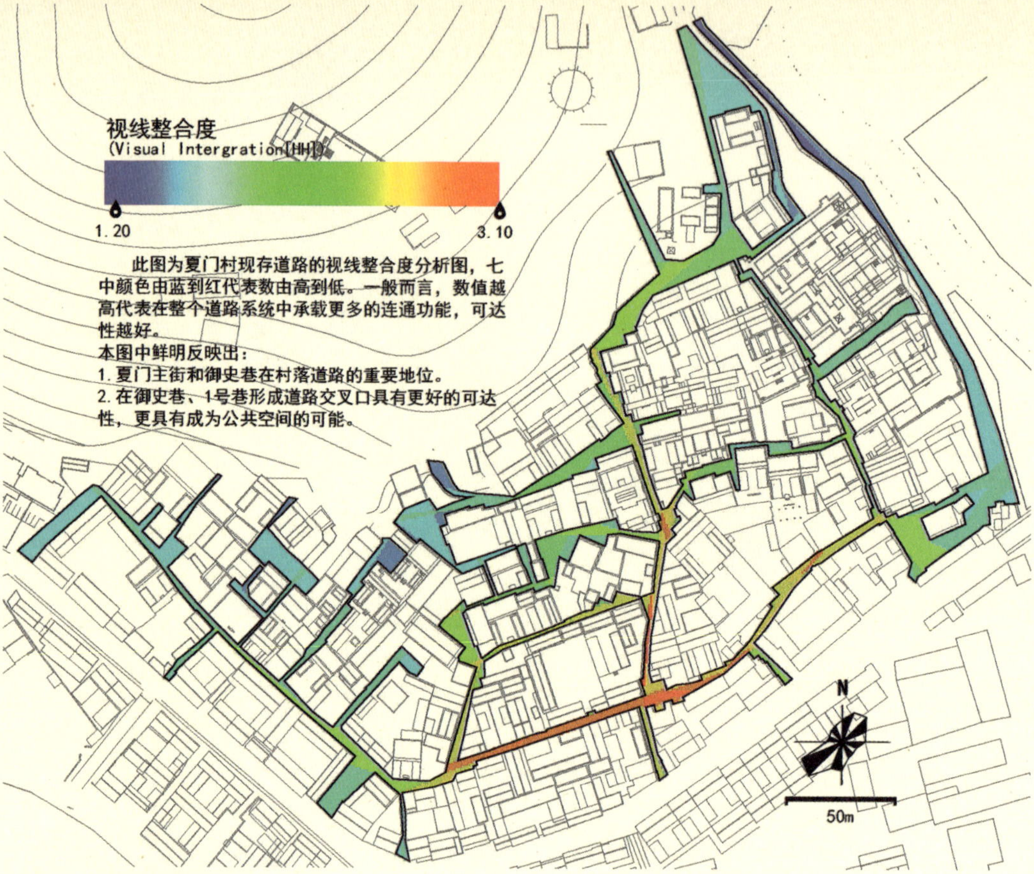

视线整合度
(Visual Intergration[HH])

1.20 3.10

此图为夏门村现存道路的视线整合度分析图，七中颜色由蓝到红代表数由高到低。一般而言，数值越高代表在整个道路系统中承载更多的连通功能，可达性越好。

本图中鲜明反映出：

1. 夏门主街和御史巷在村落道路的重要地位。
2. 在御史巷、1号巷形成道路交叉口具有更好的可达性，更具有成为公共空间的可能。

N

50m

图3—16 夏门村路网视线整合度分析[1]

2.街巷空间形态

空间是由组成它的边界围合构成的，所以边界就是空间最佳的量化指标，空间形态的衡量离不开边界这一重要指标。街巷空间是由道路构成的底界面和一个个毗连的建筑外沿

---

1 本图为以夏门村现状路网轮廓线（封闭延伸到外围道路而形成的封闭图形）使用UCL Depthmap 10软件以0.5m×0.5m为计算单元计算得出的视线整合度分析图[Visual integration (HH)]。视线整合度分析图（Visual integration (HH)）所表达的意义是指排除所有影响因素，以计算单元计算几何轮廓的全局视线深度。在计算过程中，首先分析孤立的计算单元的视线的可视范围（视域），综合全局对各个计算单元的视线的可视范围（视域）进行评价，从而计算出在全局以视线法各个计算单元之间的深度，其所得值越高则可达性越好（以视线法来评价）。图中越红则数值越高，越蓝则数值越低。

构成的侧界面构成；街道的道路受到地形、地面材质、组织方式等因素的影响，从而影响其上承载的行为活动；侧界面是围合街巷空间的重要因素，是区分街巷与建筑内外之间的边界，又是街巷与建筑之间的内外联系。

1）底界面

传统村落中的街巷由其建筑围合而成，街道两侧建筑的多样、变化导致形成了街巷或笔直或转折，颇具趣味的形态。对传统街巷而言，其独特的空间离不开构成街巷的底界面。底界面即街巷的路面，路面的几何形态和其材质的构成都对街巷空间形成，以及街巷的识别起到了作用。

夏门村独特的街巷空间体现在几何形态中。在几何关系中，周长面积比是指几何图形的周长和面积的比值，在面积相同或近似大小的图形中，其周长面积比越大，则周长越长；夏门村街巷的周长比以堡九巷、大夫巷、梁家巷最大，后堡道、御史巷、树德巷最小，反映在街巷空间上，堡九巷、大夫巷、梁家巷较之后堡道、御史巷、树德巷更加狭长，道路形态更加狭窄，对应其道路平均宽度也较后者小。形状指数是指图形周长与相同面积圆形周长的比值，换句话说形状指数表示了其图形边缘构成图形是边缘与圆形的偏差，数值越大则与圆形的偏差越大，图形边缘越复杂越不规则；通过对比夏门村街巷的形状指数我们可以发现夏门主街的数值最高，反映在街巷空间上，夏门主街街巷空间最为复杂，整体街巷最为狭长，边界形态最为复杂多变（表3-1）。

夏门村街巷底界面形态及其尺度统计表 表3-1

街巷底界面形态	街巷简介	街巷尺度统计
	夏门主街，为夏门村东西的主要交通干道，分为东街、中街和西街	长度：459.3m，面积：1978.8m² 平均宽度：4.3m （最窄2.1m，最宽11.9m） 周长面积比：0.53，形状指数：6.7
	梁家巷，因梁家最早定居而得名，为夏门最狭窄的巷道	长度：82.3m，面积：253.7m² 平均宽度：3.1m （最窄1.6m，最宽11.7m） 周长面积比：0.76，形状指数：3.4
	树德巷因其“树德”拱门而命名，巷道西窄东宽，对比强烈	长度：107.6m，面积：538.3m² 平均宽度：5.0m （最窄1.1m，最宽15.7m） 周长面积比：0.47，形状指数：3.1

续表

街巷底界面形态	街巷简介	街巷尺度统计
	堡九巷为梁氏古堡外侧的巷道，巷道转折蜿蜒，颇具趣味	长度：111.2m，面积：435.4m² 平均宽度：4.2m （最窄1.4m 最宽21.6m） 周长面积比：0.61，形状指数：3.6
	后堡道位于村落最北侧，为村庄北侧的边界，为石砌道路	长度：85.8m，面积：853.1m² 平均宽度：9.6m （最窄1.9m，最宽22.6m） 周长面积比：0.27，形状指数：2.2
	大夫巷为村东侧南北向道路，贯穿梁氏古堡，是夏门村东侧的主要干道，街巷落差大，蜿蜒转折，极具趣味	长度：124.9m，面积：456.7m² 平均宽度：3.56m （最窄1.6m，最宽8.1m） 周长面积比：0.66，形状指数：4.0
	御史巷为夏门村东侧南北向主要道路，与夏门主街、树德巷、梁家巷等巷道连接	长度：160.1m，面积：771.9m² 平均宽度：4.7m （最窄1.5m，最宽19.5m） 周长面积比：0.52，形状指数：4.1
	1号巷为夏门村中部连接南北的主要干道，于梁家巷、堡九巷、树德巷、夏门主街、御史巷等街道相连接	长度：126.0m，面积：994.2m²， 平均宽度：7.7m （最窄2.2m，最宽12.4m） 周长面积比：0.33，形状指数：3.0

表中街巷底界面形态中图除夏门主街外其余巷道平面采用相同的比例绘制。

对比这几条街巷的形成原因不难发现：堡九巷、大夫巷、梁家巷作为村落中心，不同的建筑组团围合形成的，而后堡道、御史巷、树德巷都不同程度地由村落或者建筑组团的边界转变为街巷，作为边界的街巷较之村落内部街巷更为宽阔，用地限制更小，而就梁家巷而言是村落向东发展初期形成的街巷，民居的快速建设从而使得其街巷边界更为规整，而历时几十年、甚至百年才形成的大夫巷、御史巷则具有更为复杂的边界形态。

街巷铺地方式的不同，同样也影响决定街巷的空间感受。夏门村的街巷铺装主要分为3种：利用天然山体（图3—17）、石材铺地和砖铺地（表3—2）。夏门地势变化大，街巷采用台阶的形式却较少，所以铺装兼顾了防滑、缓冲的功能（图3—18）。

图3-17 二堡门内侧的天然山体巷道

图3-18 砖铺地中的防滑砌筑方法

街巷铺地　　表3-2

梁家巷	堡九巷	御史巷	御史院内侧巷道院
1 号巷	西侧通向村外的巷道	毓秀巷	后堡道

2）侧界面

街巷的侧界面是建筑的边界，街巷与建筑之间即分割又联系所以构成街巷的侧边界大致可分为两种：即具有联系功能的门、具有分割的墙体。构成侧界面的建筑边界的变化和组合形成了传统街巷特有的街巷空间。侧界面的天际线则是街巷最独特的符号（图3–19）。

图3–19 冬日中优美的街巷光影

构成侧界面的要素可分为四种，即单纯入口、入口与房间组合、建筑山墙、院墙（图3–20）。山墙、入口往往反映和传达出建筑、庭院内部的信息，在街巷的侧界面的作为实体与院墙、空地等虚体形成对比。山墙面、入口处往往多有装饰，构造复杂，作为视觉上的焦点，同时也是人行为和活动的节点所在。以大夫巷来说，其侧界面虚实结合，通过各要素的组合从而形成其特有的形态（图3–21）。

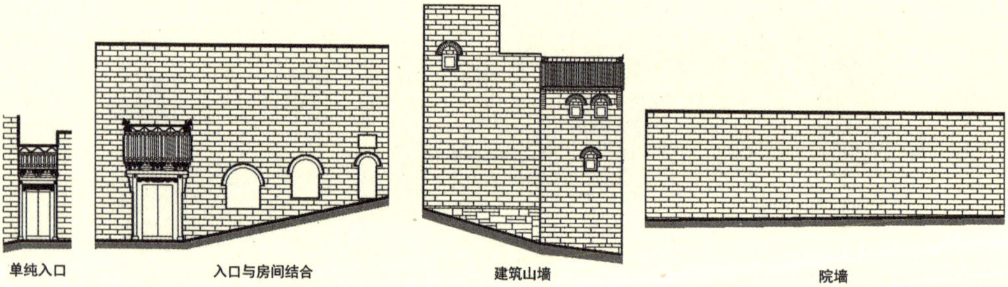

单纯入口　入口与房间结合　建筑山墙　院墙

图3–20 侧界面要素图

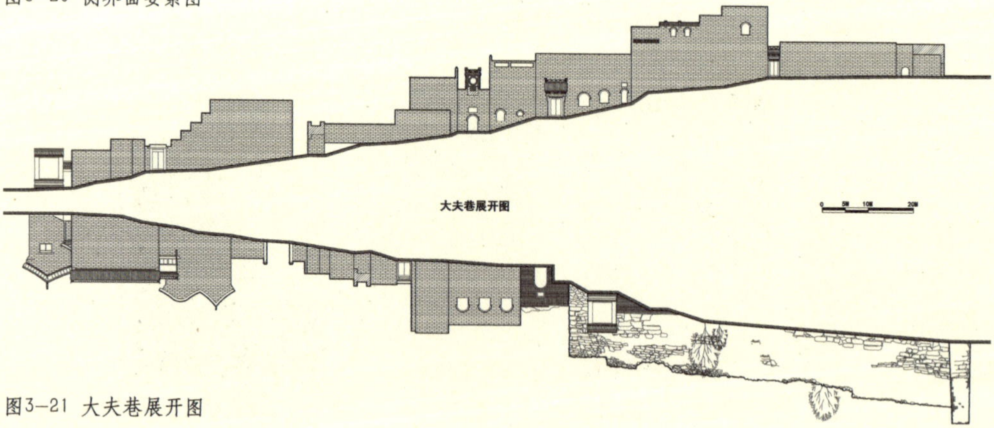

大夫巷展开图

图3–21 大夫巷展开图

3.街巷空间序列

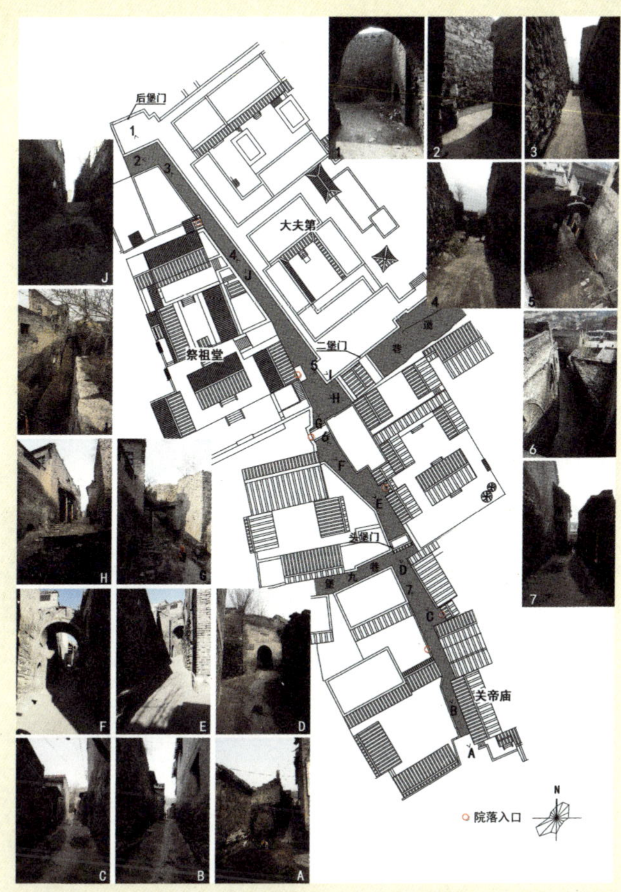

图3–22 大夫巷空间序列

1) 大夫巷（图3–22）

大夫巷南接夏门东街，以关帝庙为南端，北至后堡门，连接后堡道，其间向东联结堡九巷，向西通向到达大夫第的巷道。大夫巷由头堡门分为两端，南端坡段较为平缓，街巷狭窄，在关帝庙高大的墙面下给人以强烈的前进感觉，而在与堡九巷交汇处街巷形成的转折，即头堡门前，形成恰当的停顿，预示从此处即将进入古堡内；大夫巷从头堡门以内则更像是一个家族内部的道路，而不是村庄内的：其界面灵活，入口抑或小巧，嵌入天桥下或者墙面的转角中，抑或张扬的展示在街道之中，形成街巷中的焦点，以及横跨大夫巷的天桥都体现出这些建筑之间强烈而亲密的联系，这正是家族内聚居才具有的特质，也是大夫巷不同于夏门村其他街巷的根本特色；而通过二堡门向东到达大夫第的巷道，虽然一侧是由厚重的山石垒砌，脚下是整块的山体岩石，巷道虽然粗犷、但也难掩其封建大家族的幽静深远。

2) 树德巷（图3–23）

树德巷最能体现出夏门村山地街巷特色。其北侧界面均有民居，而南侧在东段则有靠崖窑洞，从而形成了向南侧开敞的街巷空间，从东向西经过一段坡路，到达开阔而充满阳光的路段，在这段路的西段是梁氏祖居门前有树精心营造的民居入口空间，是树德巷空间的重要节点。在树德巷西段，地势的高差渐缓，从而形成了传统的有两侧建筑维和的街巷空间，西段的街巷空间的起点要从东侧开始，写有“树德”二字的拱门（图3–23中1、2所示拱门）是树德巷的西侧的开端，刚刚跨过拱门可以发现，隐藏在拱门之后的第一个院落，随后第二个狭长的院落中也延续了拱门的手法，为连续的两个拱门，颇具趣味。在树德巷东段与西段的交汇处，道路的转折和开阔的视野给予对古村很好的观察点。

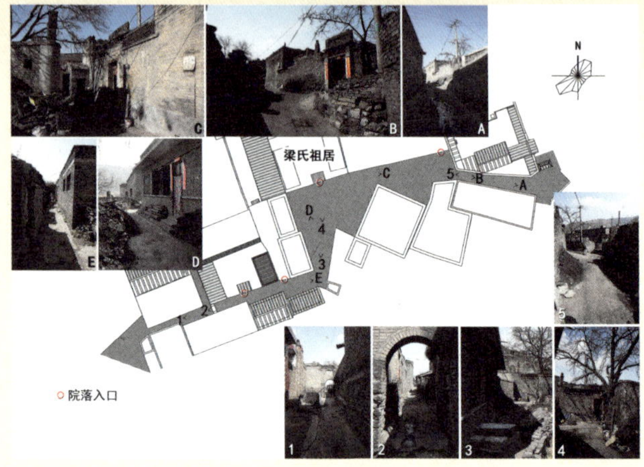

图3–23 树德巷空间序列

3）堡九巷（图3–24）

堡九巷是连接大夫巷和御史巷狭窄的巷道，街巷的狭窄是有强势的各个建筑的“挤压”而形成的，书院与知府院的“斗争”，形成了堡九巷狭窄的倒“U”字形转折，穿过这里则是豁然开朗，高大的知府院，前面的九门家庙就在眼前。

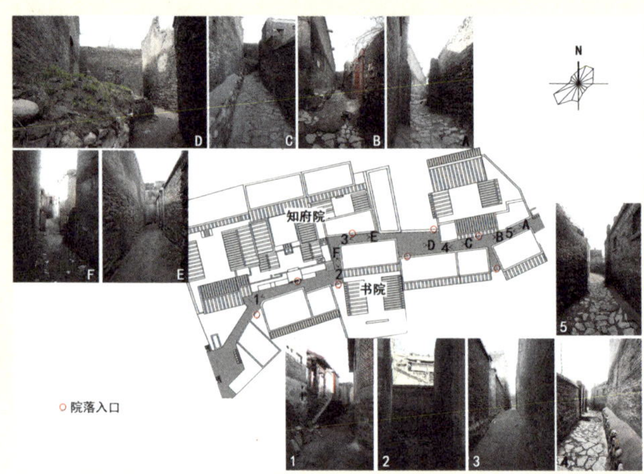

图3–24 堡九巷空间序列

4）御史巷（图3–25）

御史巷在夏门村路网中承载最多的交通功能，位于路网的核心，连结南侧土地庙、戏台公共空间，同时作为紧邻古堡的外侧的道路，是古堡个院落对外的直接联系，旧时有木坊“井水盟心”，石坊“阔范婺型”、“松节兰操”跨巷而立，两侧建筑紧凑，街巷空间完整，在与堡九巷、树德巷的交叉口处形成节点，是夏门古村最重要的公共空间。

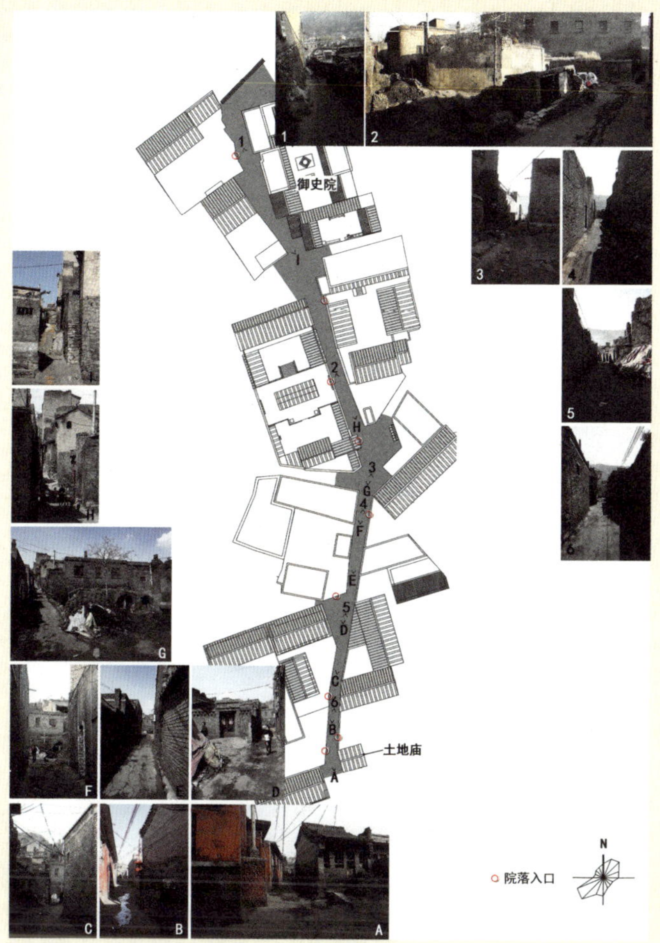

图3-25 御史巷空间序列

4.院落入口空间

院落的出入口是街巷的焦点，入口空间或局部放大在巷道中形成内凹式空间，形成缓冲空间，或略微突出街道界面，突出入口。入口空间是街巷空间的焦点，与街巷的转折变化相呼应，既是庭院的延伸又使得街巷空间灵活有序、收放自如。

在传统风水观念中，“两门对而谓之骂门”[1]，又称门冲煞，夏门村的民居入口多不相对，即便夏门村的新建民居入口亦不相对；夏门村多数的民居入口集中在街巷的较高的一侧，如东西向街巷：树德巷、梁家巷、堡九巷（图3-26），这是由于夏门村所处北高南低的特征导致的，多数的院落入口选在街巷的北侧（图3-27），布局合理，而开在南侧的入口则需要向下的坡道，同时需要防止雨水倒灌、入口低矮等不良的地形因素（图3-28）。

夏门村的民居入口大致可分为两类：一是门楼，突出与墙面木制门楼的形制；二是随墙面砖砌筑，门楣上方常装饰雕镂精致的砖花图案，小巧玲珑，别具特色。另外，入口前加照壁在夏门非常普遍，如后堡道“福寿亭”院落中“栖吾身”院，入口正对汾河，便设置照壁改善入口空间（图3-29）。

1 出自《八宅明镜》。《八宅明镜》，顾吾序（明）著，箬冠道人（清）撰，陈明白话全译。

图3-26 出入口及道路平面

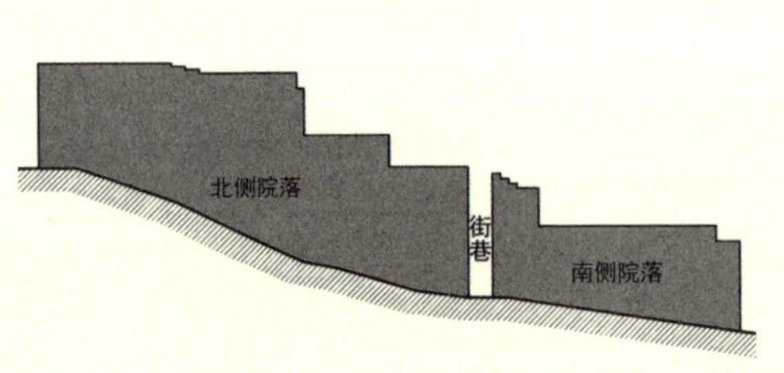

图3-27 院落与街巷的高差

图3-28 开在道路南侧的入口[1]

1 该院落位于永宁堡与大夫第之间，是永宁堡暗道的出口，次入口间兼做通向大夫第的通道。

图3-29 民居入口空间

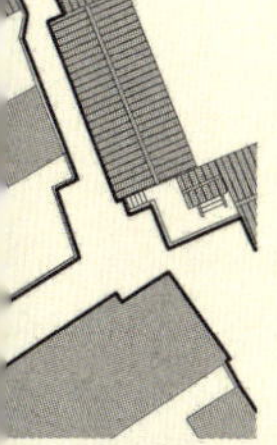
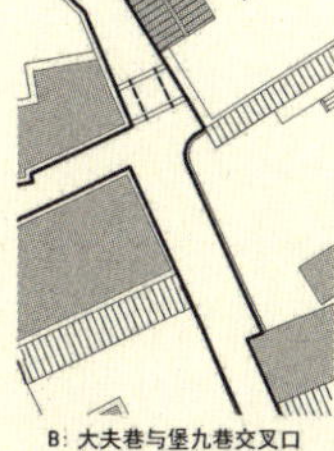
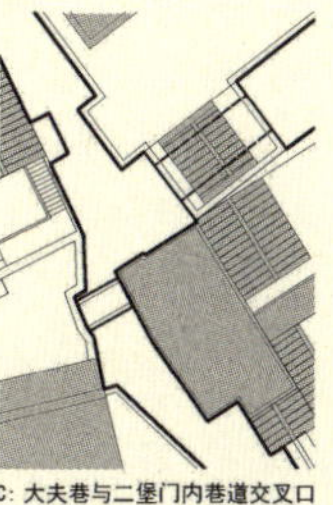
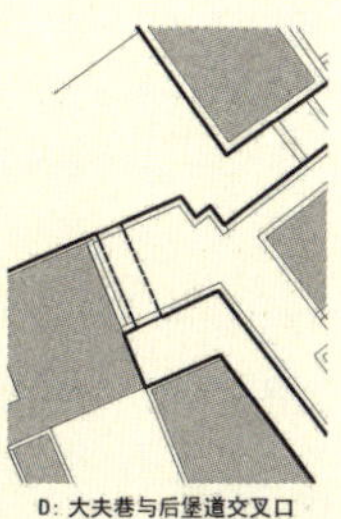

大夫巷与夏门东街交叉口　B：大夫巷与堡九巷交叉口　C：大夫巷与二堡门内巷道交叉口　D：大夫巷与后堡道交叉口

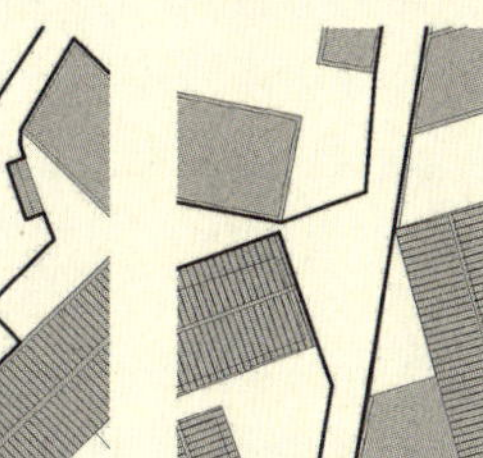
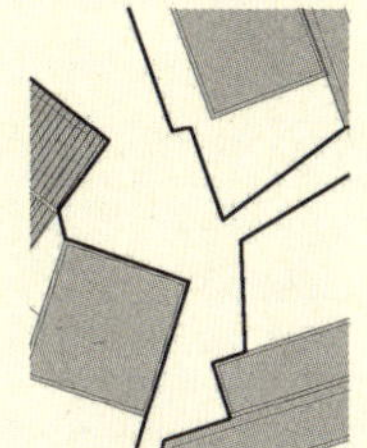
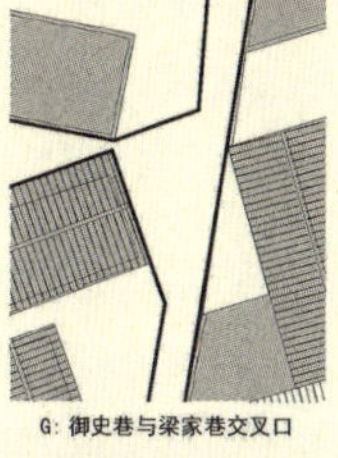

御史巷北侧十字交叉口　F：御史巷与堡九、树德巷交叉口　G：御史巷与梁家巷交叉口　H：1号巷与梁家巷交叉口

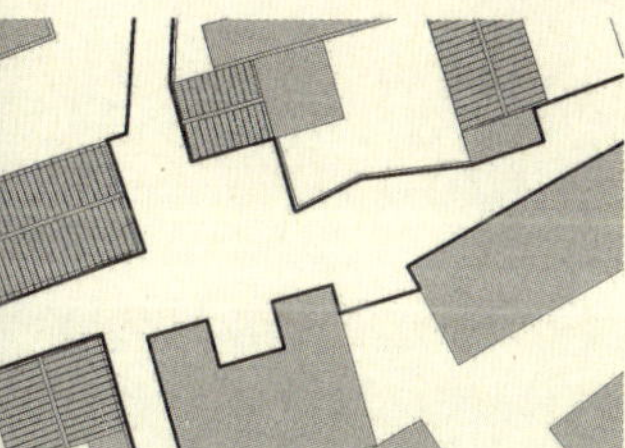

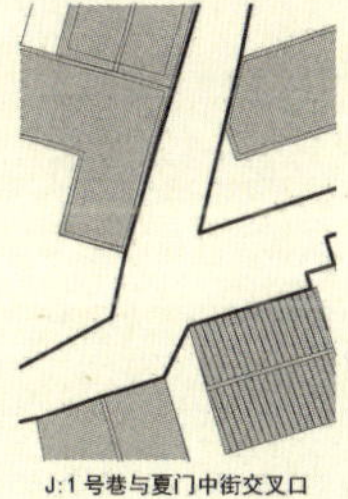

I：御史巷与夏门中街交叉口　J：1号巷与夏门中街交叉口　K：1号巷与树德巷交叉口

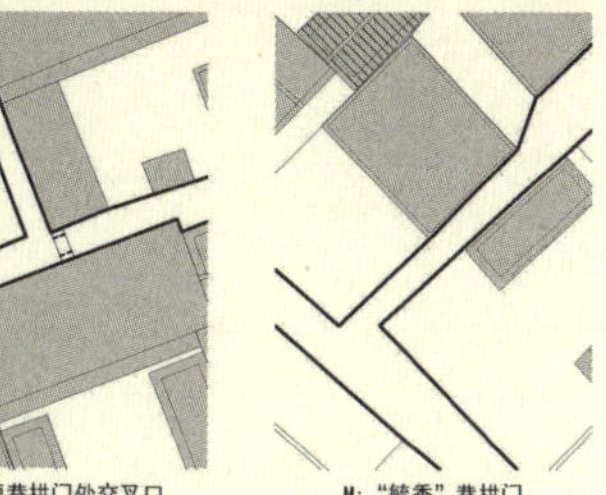

树德巷拱门处交叉口　M：“毓秀”巷拱门　N：“谦受益”院巷道　O：夏门西街“务本”院处交叉口

图3-30 夏门村道路交叉口

5.街巷交叉口

街巷的交叉口是一段街巷空间的开端或结束，在路网的结构上来看，交叉口体现了路网结构的转折或延续。如规则的棋盘式路网中，道路交叉口为正交的十字交叉口（图3-30），放射状或星形路网，则会出现更为复杂的交叉口。前文已述，夏门村的路网自西向东是由“枝”状向“网格”状转变的，通过对夏门村道路交叉口统计，发现西部（古村）“枝”状路网部分体现出由主街和与其垂直的支路形成的“丁”字交叉口（如图3-30中M、N和O）；路网向东发展转变最为显著的标志为南北向道路地位增强，形成具有向北侧延伸的交叉口，即图3-30中I、J；进而在御史巷中部与堡九巷、树德巷的交叉口形成夏门村最重要的公共空间。而这三个交叉口由于其功能的相似，具有类似的几何形态，三个交叉口容易造成混淆。

四、建筑空间

传统聚落中的构成单元都是由一个个重复的民居构成（其他公共建筑亦脱胎于民居建筑形式），民居的重复、反复是村落空间产生最基本的途径，如果说街巷空间是聚落空间的“枝干”，那么民居的建筑空间则是构成聚落空间的“叶片”，民居院落的空间模式组织是构成聚落空间最小、最基本的单元模式。

1.建筑单元

夏门村现存历史院落，经过历史的搬迁，房屋产权经历了较大的变迁，特别是土地改革之后，仅有少数的居民住在祖上传下来的老宅子中，但从遗留的痕迹来看夏门村民居最基本的构成单元为三合院形式（图3—31）。夏门村三合院大多背对山体，朝向因等高线的变化而偏转；由于地势高差的影响，绝大多数的三合院正房为窑洞，两侧厢房则多为砖木构房屋，正房窑洞多为两层，为“窑上窑”形式（图3—32、图3—33）。

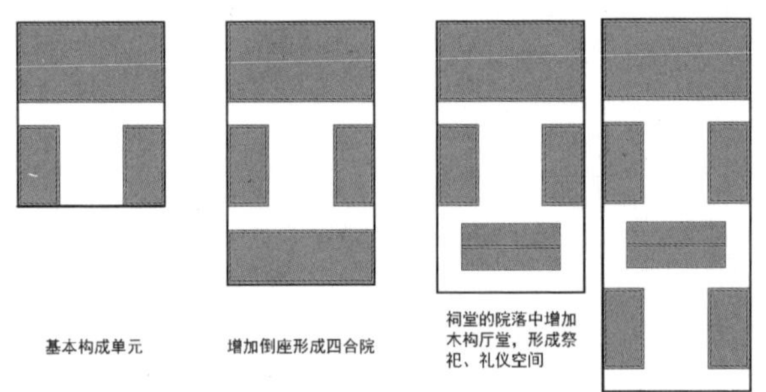

图3—32 夏门村民居基本构成单元的变体

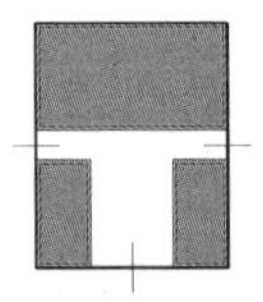

夏门村民居最基本的构成单元为三合院。

由于地形的原因，三合院中的正房多为靠崖窑洞，地势较为平缓处也有采用锢窑，两侧厢房采用锢窑形式居多，少数采用砖木房屋。正房以二层居多，厢房则一、二层均有；通往二层的楼梯多为位于两侧厢房和正房的之间的角落，交通组织一、二层相对独立，其建筑空间延续首层的建筑空间。

三合院的入口多在面对正房的墙开门，三合院两侧也可以开门，但门等级较低，多通向另一个院子，较少直接对外。

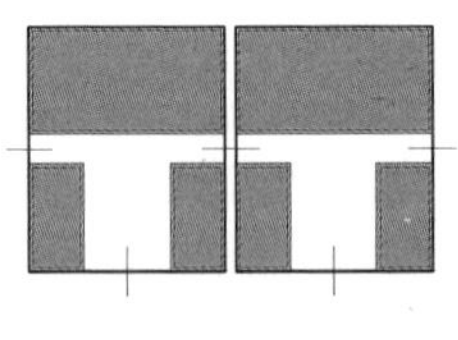

民居院落之间的拼接方式以沿院落横向拼接方式居多。多个院落通过两侧门连结，但院落之间任保留一定的独立性，院落的主入口仍然以正对正房入口为主。

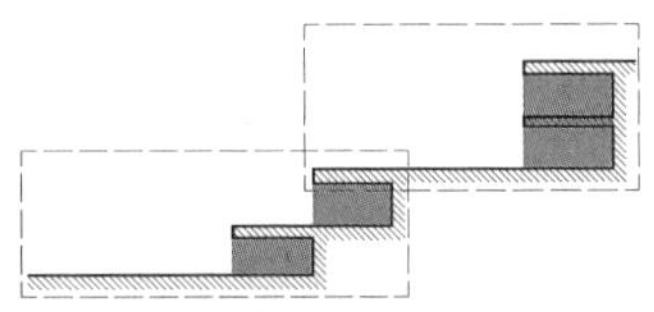

民居沿着院落进深方向往往具有显著的高差，多个院落随着地势的变化逐级排布，利用靠崖窑洞改变和改造地形。

这样的布局是由于夏门土地资源稀缺导致的，同时也是形成夏门村民居“鳞次栉比”的建筑风貌的原因。

图3—33 夏门村民居基本构成单元及其组织方式分析[1]

1 图中线段表示可以作为庭院入口的位置。

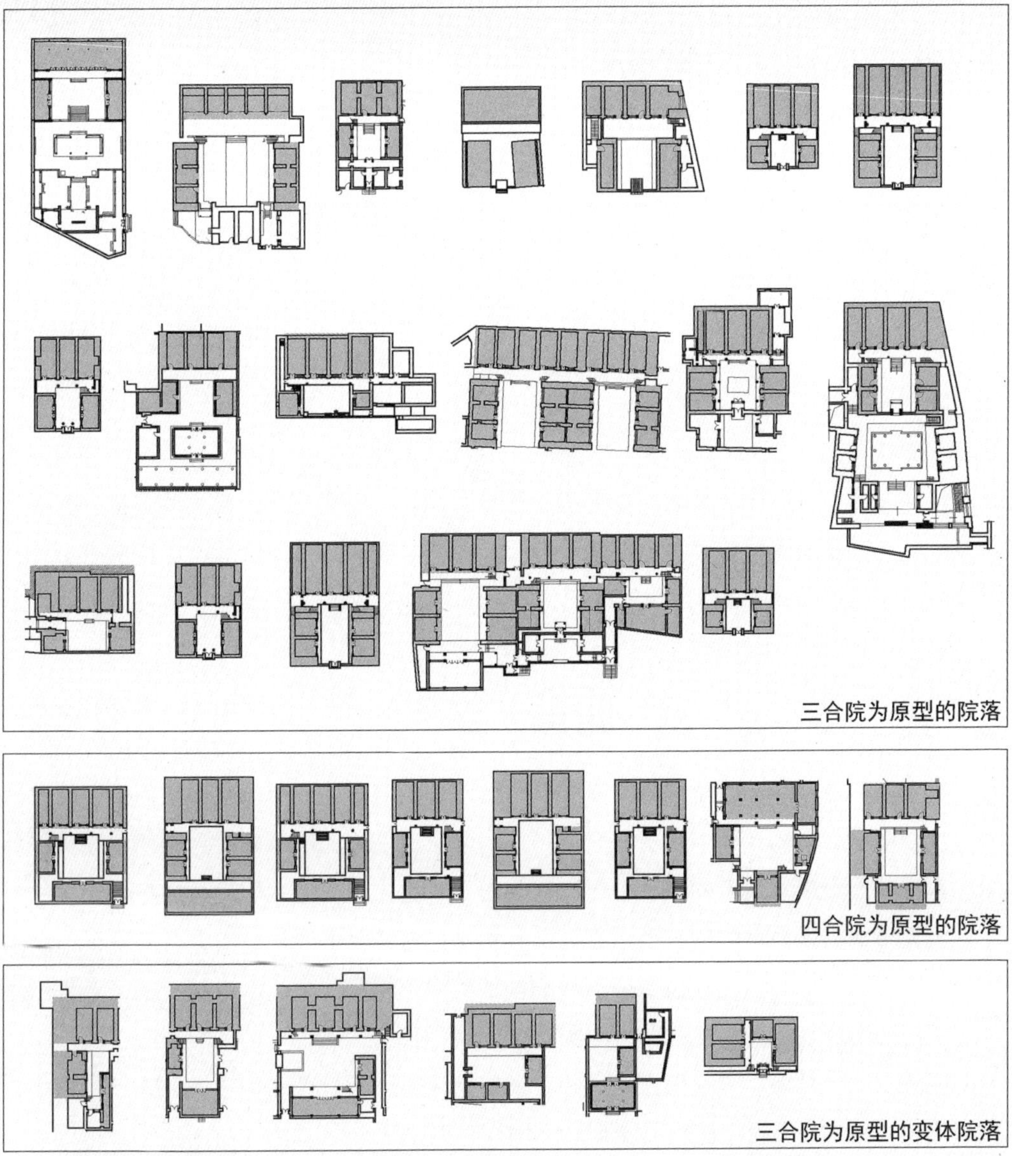

三合院为原型的院落

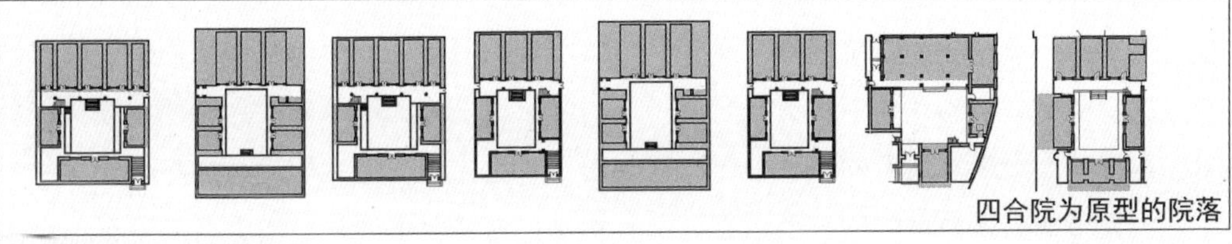

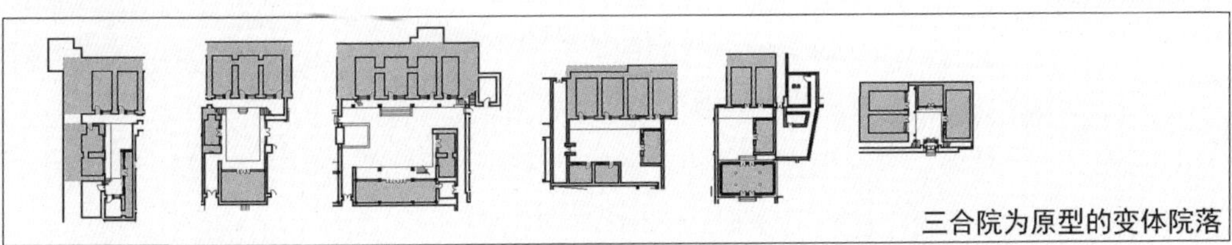

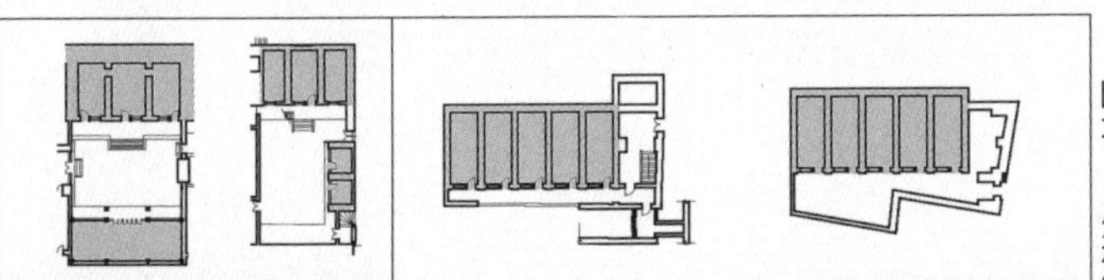

夏门村民居最基本的构成单元为三合院形式，其正房多数为靠崖窑洞，当地形不适宜靠崖窑洞时，民居则多采用锢窑。

当民居规模的增大，四合院出现以满足更为复杂的功能需求。地形因素导致了形成适应地形的三合变体院，以及少量的特殊的院落。

图3—31　夏门村民居构成分析

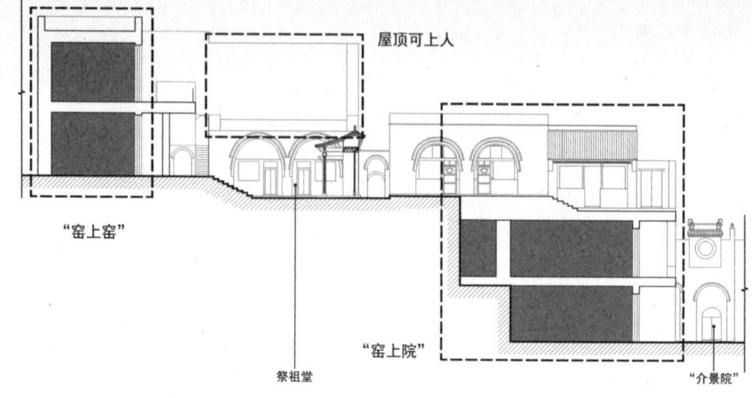

图3-34 "祭祖堂"组织方式解析

以三合院为单元的夏门村民居，受地形和土地缺少的影响，绝大多数为一进院落；在院落内空间的组织上，更具有山地建筑的特征，绝大多数的民居有楼梯（多位于正房与厢房之间）通向屋顶，民居的建造与地形的高差结合起来，形成"窑上窑"或"窑上院"，使得具有较长的多进院落成为可能，如"祭祖堂"即是建在"介景院"两层窑洞之上，其两进院落集中地体现出夏门村民居独特的立体组织方式（图3-34）。

2.院落之间的组织

在传统聚落中，独立院落也往往是作为单个家庭的载体，完整的承载家庭生活的单独个体，所以院落之间的组织体现了在聚落中家庭与家庭之间的联系方式。然而，在传统社会中，家庭并非严格意义上的独立个体，家族对于家族内的家庭之间也形成一种无形的影响，这种无形的力量因家族的大小而不同、其影响力量的强弱会影响到聚落中院落的组织方式。这种影响集中地体现在被街巷路网分割下的建筑组团之中。在这种影响下，夏门村中的建筑组团内院落之间的组织方式大体呈现出3种（图3-35）：

1.在夏门村落西侧，单个院落与"枝"状路网连结，其院落之间的缺乏统一的秩序，其院落规模、方位、朝向存在差异较大（图3-36）。

2.夏门村中部和东侧，路网切割形成较为完整的地块，院落组织在地块内具有统一的秩序，院落的方位、朝向具有延续性（图3-37）。

3.位于村落东侧的"大夫第"、"永宁堡"和"御史院"，受家族聚集和防御等因素，更多的院落组织在一起，建筑组团尺度变大，（同时路网间的间距也变大）院落组织具有较为复杂的结构（图3-38、图3-39）。

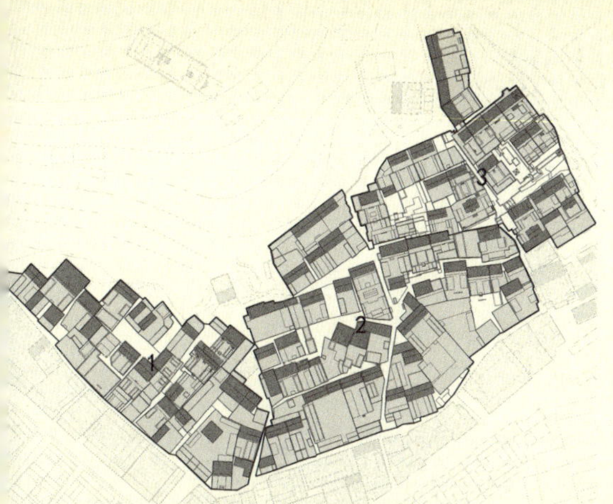

图3-35 夏门村院落之间的组织方式分类

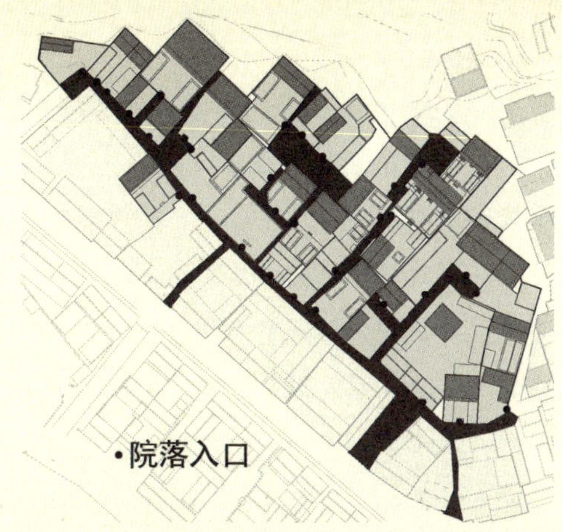

图3-36 村落西侧院落组织

图3-37 村落中部院落组织

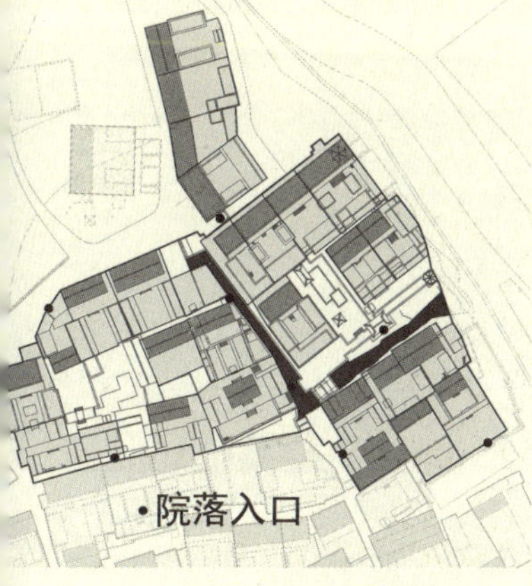

图3-38 村落东部古堡院落组织

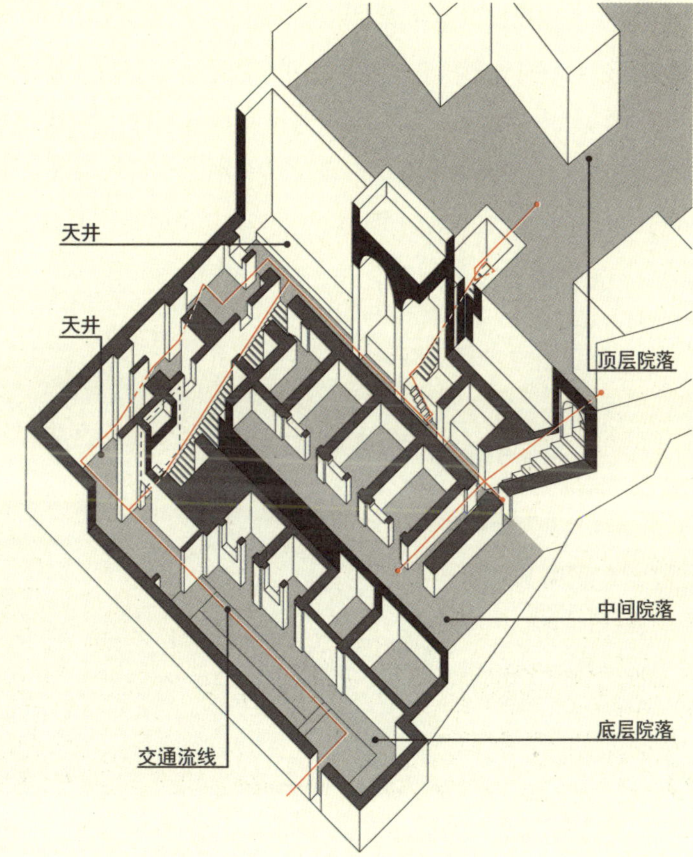

图3-39 永宁堡空间组织

五、空间肌理

古村落的空间肌理集中体现古村落的空间形态和特征，表现出随着时代变迁的影响下建筑在密度、高度、体量、布局等多方面呈现出的特定规律。这种特定的规律形成聚落的秩序，在面对复杂而独特的自然环境时，一种独特、适应的建造方式是形成统一秩序的基础，重复、反复或叠加是聚落秩序衍生的基本途径；然而秩序却并非像我们想象那么强而有力，变异、差异在面对复杂的独特条件是不可避免的，也形成了更复杂、多变的建造方式。聚落在同一秩序下形成趋同的风貌，但其中变异、差异给整个聚落带来自由发挥的空间，使得秩序和变异共存，而聚落这一特性的集中体现就是其空间肌理。

夏门村位于向阳的山坡上，自然山体是影响其空间肌理的最重要的因素，由于夏门建筑主要为靠崖窑洞，善于利用地形的高差，民居建造的同时对自然山体进行加工和改造；建筑通过对原有地形的合理利用，发掘和塑造出新的地貌（图3—40、图3—41）。

夏门的内部空间在几个基本的空间网格[1]控制下，是构成村落整体空间机理的基础。村落从西向东，其空间网格的方向是在地形的影响而发生偏转；网格本身控制的区域也

图3—40 夏门村建筑群

1 空间网格是指在研究聚落空间时，采用一定尺寸的网格分析聚落中建筑的布局、组团、朝向等问题的方法。

图3-41 夏门村建筑群

由大渐渐变小；区别于村西侧和中部，村落东侧各个建筑群之间内部存在更强的一致性；在不同的网格之间的过渡区域内的建筑则呈现出自由无序的状态（图3-42）。

进一步对夏门村建筑朝向分析，夏门村民居朝向呈现出两个趋势：一、在村落西侧古村范围内民居的朝向为南偏西，村落中部和东部民居朝向为朝南稍偏东；二、自西向东，民居朝向趋同性越强，即相邻民居之间的朝向趋于相同，有别于西侧少量院落朝向偏转90°的

图3-42 夏门村民居的空间网格

现象，如后堡道院落群即是四个院落朝向同时发生偏转（图3—43）。

具有特定肌理的聚落中的民居，规模也受到了其肌理的制约，或者说民居之间规模的类似是形成其空间肌理的条件之一。夏门村民居的规模虽然从29平方米狭小的宅院到1902平方米拥有花园的富家大院，但占据大多数的规模的是在600平方米以下的民居，夏门村最典型民居便是祭祖堂院，这样规模的院落在夏门最为常见（图3—44）。

图3—43 民居朝向分析图

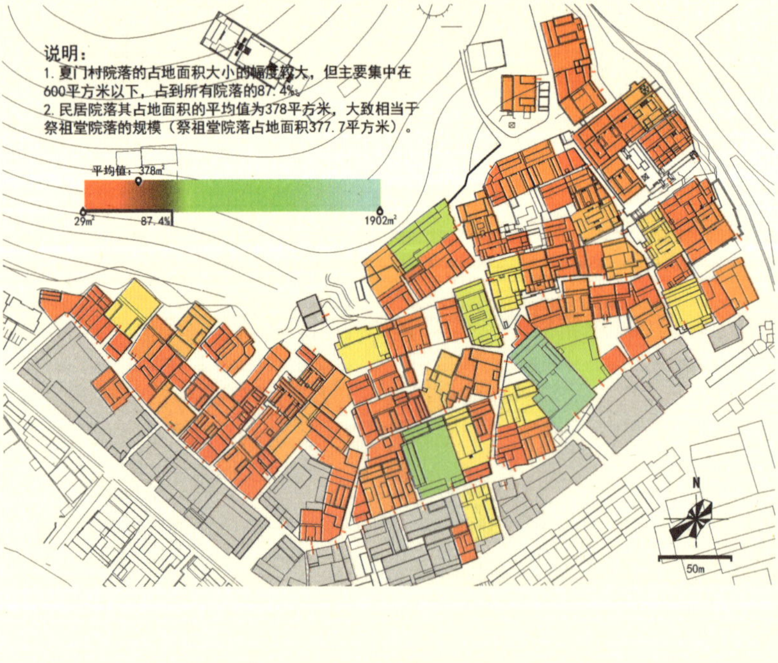

图3—44 院落规模分析图

六、防御和交通体系

夏门村又被称作“夏门古堡”，古堡因“筑堡卫家”而建造，从而形成了今天内向围合、具有多重防御体系的古堡防御系统。从更广的角度来看，夏门古堡不仅仅是针对与土匪、战争的防备，也包含了对自然灾害，诸如风沙、洪水威胁的抵御。“夏门古堡”在对外形成防御的同时，兼顾了族人的生活，做到了“住防合一”。

1.整体防御格局

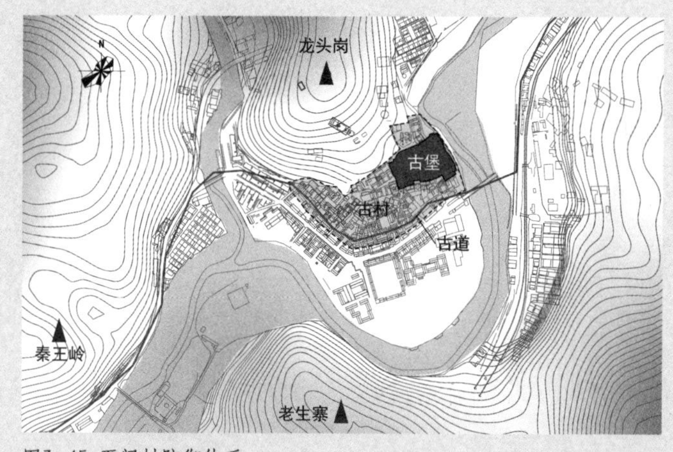

图3-45 夏门村防御体系

夏门在选址时，对于防御的思想便深入其中，为了抵御以上各种破坏因素的侵扰，从不同的层次来修建高墙、堡门以保卫自我生存的家园。在营建之初就考虑到地形的因素，最大限度地利用自然山势进行防御工事的构筑，形成了山、河、堡、道四位一体综合防御体系（图3-45）。原本位于东侧险峻的山水自然便作为夏门防御体系的第一道屏障，充当着重要的作用。村落所在的龙头岗高地建有瞭望台，村落的东西入口均纳入其视线范围内，与古堡遥相呼应，统揽全局。在村东头的巍耸崖壁和汾水河畔是有利的防守地点，也是外来侵扰最主要的方向，是夏门古堡防御的重中之重，宏伟的百尺楼便矗立于此。百尺楼沿着天然的山体沿壁直上，整体迁入周围的石崖之中，与山体浑然一体，不利攀爬，坚固的百尺楼作为夏门古堡最为外显的防卫设施保卫着堡内的一切。

2.古堡的防御层级和交通系统

在传统社会中，依靠农耕为生的农民面对土匪、流寇时所能做得很少，只有坚守不出，依赖坚固高墙和石堡来被动地防御，直到土匪、流寇退却。夏门的防御体系是由外

到内、逐层深入的，堡墙和后堡门、头堡门以及百尺楼构成最外围的第一道防御；在第一道防御内是大夫第、永宁堡以及御史院建筑群，成群的、围合封闭的建筑群形成第二道防御；再其次即为院落和建筑内的暗道、险口等的防御工事构成第三道防御（图3-46）。

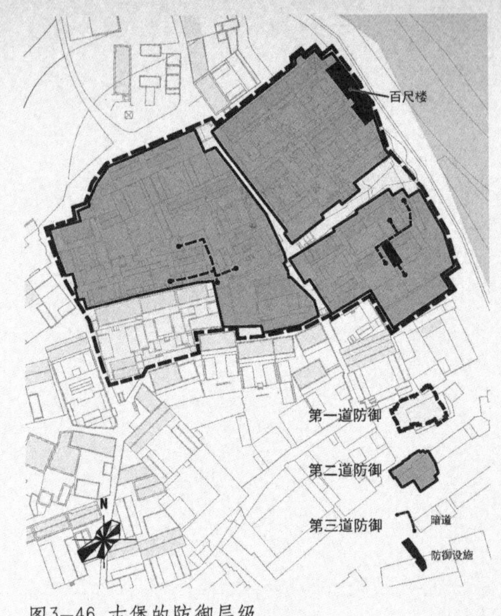

图3-46 古堡的防御层级

前文所述古村道路在东侧“夏门古堡”出现了不同的变化，这正是“夏门古堡”内的交通遵循了其防御要求，形成了独特的交通体系。东侧路网网格的扩大，正是由于其包容了“夏门古堡”内部的复杂的交通。连续的不断往内部延伸的门洞是夏门交通体系分级的标志，从头堡门和后堡门到二堡门，再到三堡门是循序渐进，由公共向私密，是出于防卫层级的要求，增加古堡安全性，恰恰同时也反映出大夫巷为家族内公共道路，二堡门内道路为次一级道路，大夫第内院落巷道为第三级道路，这样三级的层级关系恰恰与三层的防御体系相对应。

另外，夏门村街巷独具特色处在于其“立体交叠、明暗互通”的立体交通。由于夏门主要位于山地，立体交通便成为其主要的、也十分有趣的交通方式，巷道收放有致、曲折变化、穿插于立体交错的衬窑之间。明暗互通是对夏门交通的另一特点的精辟描述，在这个以仕宦家族为主的聚落中，暗道的运用可谓经典，暗窑、地道把院落互相串通起来，可居、可匿、可防、可退。据考暗道共有8处，而当中以永宁堡对暗道的运用最为复杂和隐蔽，独具匠心。

3.暗道、险口等防御工事

在夏门村的防御体系中，第一道和第二道防御是属于据险守卫，如果失效，唯一能够依赖反击制胜的便是院落和建筑内的暗道、险口等的第三道防御工事。

1）百尺楼

百尺楼作为“夏门古堡”乃至全村东边的门户，充分体现了古代附崖建筑的特点，依附悬崖峭壁而建，充分利用坡坎陡峭地段，既节约了结构材料，又将东侧原本凹陷的山体补平，并稍伸出崖面，起到监视两侧的功用，防止敌人攀爬山体。百尺楼内有暗道直通到顶层，下通水运，上通家院。它的内部空间多变，最多时可供几十人共同居住生活，并贮藏货物。百尺楼立面上分为三层，有大小不等的砖圈窗口十余个，供内部采光和通风的使用，并可作为瞭望和指挥之用（图3-47），一有情况发生便可通过全村制高点的云亭和现今已拆除的“百尺楼亭”向堡内居民发出警报，其重要之处可见一斑。

图3-47 百尺楼兼瞭敌和观景的窗口

2）暗道

夏门村的暗道有赖于砖券技术，随着砖窑中拱券的大量运用，或在砖窑的侧面，或在窑洞下面都发有券，形成或大或小、忽高忽低、纵横交错的暗道，据考，现存的暗道主要有四条，分别是：

第一条、从大夫第第一进院落的下房开始向东20米转而向北穿过第一进院落的上房到达第二进院落的东厢房里。

第二条、开端为永宁堡入口处，先向北转而向西延伸，之后穿过一段通往二层的密道到达一个小天井后转而向东延伸到达一个开敞空间，其间向北面有两段弯曲的楼梯通往永宁堡二层的东厢房，东侧暗道中段有一个小开口通过楼梯可直达永宁堡二层的院子（图3-48）。

第三条、开端在深秀宅的院落中央，下行通过支撑深秀宅的衬窑到达位于祭祖堂西南角的天井，转而向西通过御史院的密道进入昌明洞达天井，在此略微转折后继续向西到达御史院第一进院落下的衬窑（图3-49）。

图3–48 永宁堡暗道[1]

1 可参照图3–39永宁堡空间组织图示理解。

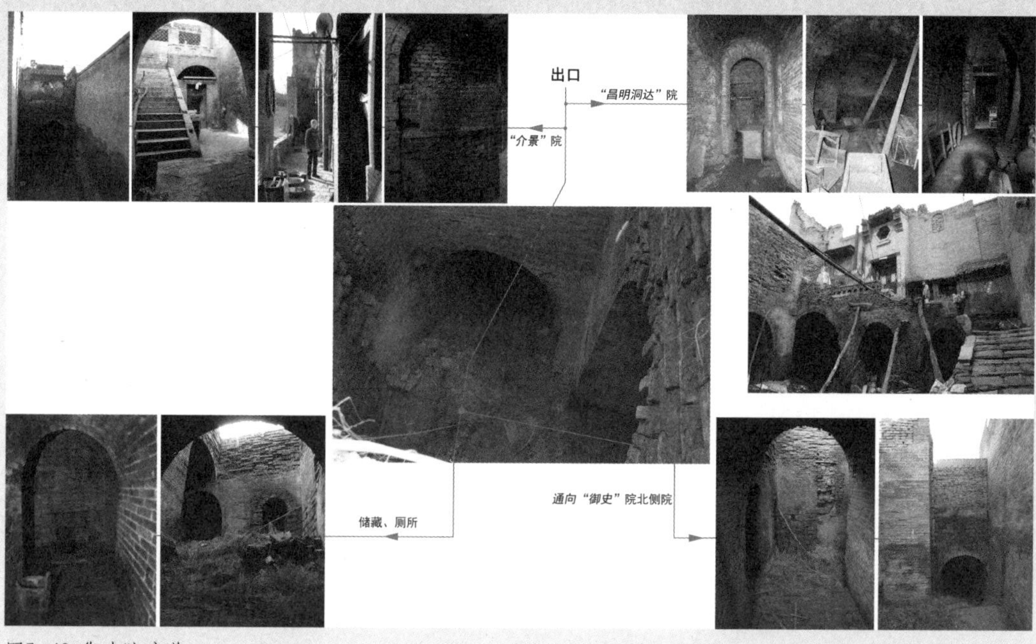

图3-49 御史院暗道

第四条、入口位于西区梁氏祖宅的上房前院落里，通过上房下的衬窑呈西北走向往后山方向延伸。

3）险口

险口是在一些关键的防卫点，例如永宁堡险口（图3-50），紧邻百尺楼，又在汾河岸边，防御性能没有百尺楼高，在此修筑防御工事时起到一夫当关、万夫莫开之功用。当敌人进入幽暗的巷道之后，很难分辨方向，只能摸索前进，这时蹲守在入口上方的人很容易对敌形成偷袭，结合夏门村令人惊叹衬窑技术，像这样险口在村内非常常见，顺应地形和空间的特殊要求下，小巧玲珑，起到以一当百的效果。

图3-50 永宁堡入口处的防御点

七、给水排水

图3-51 位于台阶一侧砖砌筑的暗排水沟

夏门古堡滨临汾河而建，相传古时河床宽阔，河水清澈见底，水流湍急，堡内的居民多在汾河挑水取用为主，以打井取水为辅。“至乾隆三年，颐等按亩走银相地开渠经始营修厥力而成，后庄渠成于乾隆四年，夏门渠，即成于乾隆五年。”[1]此渠由夏门村和附近的后庄村共同修建，商定利益均沾，为保公平起见“倘异曰夏山另从石崖新开渠道，对沟分水，两村并浇，众议佥同永无异说，但恐年远无稽，爰勒石垂久云，纵异日夏门另开渠道仍让后庄居先，但先后虽分，亦必周而复始，永为定例，不得乱争。”[2]由此夏门渠成为堡内给水的主要途径，惠泽后代。民国后由于上流自然环境的不断恶化，河水开始变得浑浊，水量也不似之前充沛，打井取水变成了堡内生产生活用水的主要来源。

由于夏门古堡是依山而建，建筑与建筑之间有时并没有街巷，因此雨水通过屋顶滴落到院落，再汇聚后需要通过暗明沟或暗沟（图3-51）中，排到街道，再通过下行的街道排入主干道，最后排入汾河。

1 出自夏门村《修渠碑记》。

2 同上。

【第四章】

夏门古村居住建筑

JUZHU JIANZHU

一、居住建筑的概述

居住建筑是夏门古村中的最为基本也是数量最多的建筑类型。夏门居住建筑与北方传统的四合院有相似之处，不过也有其独特之处。夏门古堡由许多小院落组成，依山而建，顺坡而上，院落之间通过暗道相连，形成错落有致的院落群。由于古堡依山而建，院落的平面组合多样，并且有上下联通的立体构筑，形成窑上有窑、窑中有窑的形式，因此大多数建筑具备典型的山地建筑特征。所以，山地合院是夏门古堡最典型的建筑特征，并且在此基础上发展演变出不同的住宅建筑类型。

1.建筑年代及分布

夏门村现存的居住建筑可以追溯到明朝嘉靖年间，自嘉靖年间梁氏祖先由陕西渭南迁来夏门后，一直持续到清末时期的300余年陆续有所兴建。民国时期和新中国成立后，村中也有营建活动，但大部分是对原建筑的修缮，少部分是近代式建筑。近代式建筑规模不大，分布较为零散。新中国成立至今，主要集中在八九十年代，大多在已毁的建筑遗址上新建或拆除破旧的老房子进行重建。

图4—1 夏门村建筑年代及分布图

夏门村的传统民居建筑的营建持续300余年，根据其年代发展演进（图4—1）大致可以分为以下四个阶段：

第一阶段：明嘉靖年间梁氏祖先迁居夏门后。这一阶段的居住建筑主要建在夏门老村一带，这一带地势较为平坦，所以此阶段的居住院落较为简单，由正房、厢房、庭院基本元素构成，其建筑形式也较为统一；

第二阶段：明万历年间。这一阶段的居住建筑院落形式及建筑形式与第一阶段的基本一致，但是出现了以东街为主的商铺，商铺类的建筑出现。从今天的关帝庙至土地庙的这段街道成为当时夏门村的商业街；

第三阶段：明朝末年。由于当时夏门土地紧张，战乱频发，因此，这一时期的居住建筑开始向坡地发展，院落形式及建筑形式多样化，建筑的功能开始具有防御性，院落也多呈堡寨型；

第四阶段：清朝时期。清朝末年，夏门村的格局基本固定下来，建筑院落群错落有致，院落的平面组合多样。此时的建筑完全具备了典型的山地建筑特征，呈现上下联通的立体构筑形式，窑上有窑、窑中有窑。康熙年间建造的头堡门及知府院等，乾隆、嘉庆年间建造的百尺楼、大夫第、永宁堡、祭祖堂以及堡内至高点御使府是这一时期的主要建筑群。

2.院落组成要素

夏门村居住院落主要有三合院，一般由正房、厢房、门楼、庭院、照壁等基本建筑元素构成（图4–2）。

图4–2 夏门村典型的三合院民居

1）正房

正房是一个家庭内聚的地方，为家人的公共空间，远接神祖、近待朋友、外嫁内娶和房族议事都在这里，其建筑最能显示主人的身份地位和文化品位，是建筑群中最引人注目的地方，也是家族中实施权威的场所。夏门村的正房一般位于院落的中轴线上，占据着院落中最佳方位。从开间、进深、高度到用料、工艺、装饰等方面，十分讲究，也是整个院落的精华所在。

夏门村的正房（图4-3）一般为三开间，偶尔有其他开间数的，比如四开间。其层数一般为两层，一层均为窑洞，二层为木结构梁架，偶尔会有两层均为窑洞，为窑上窑的形式。对村中现存的正房调查研究后发现，正房前基本上都有廊。廊子三间通长，突出于墙

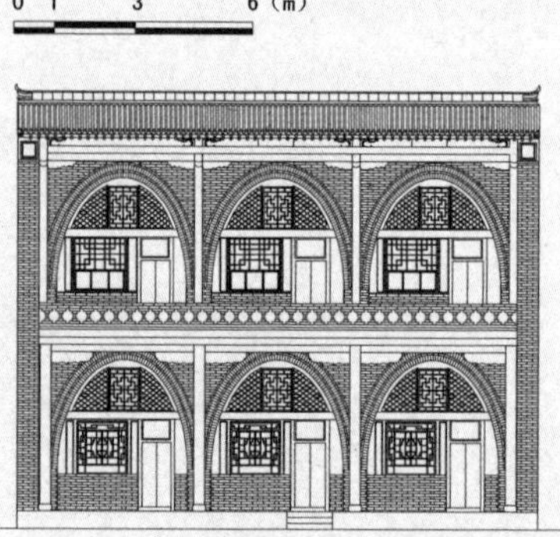

一层无檐二层砖砌栏杆
三开间正房立面
（未知）

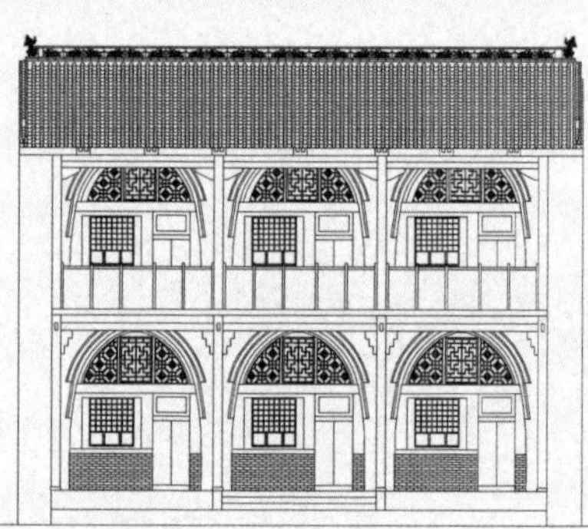

一层无檐二层木栏杆
三开间正房立面
（ZF-01院）

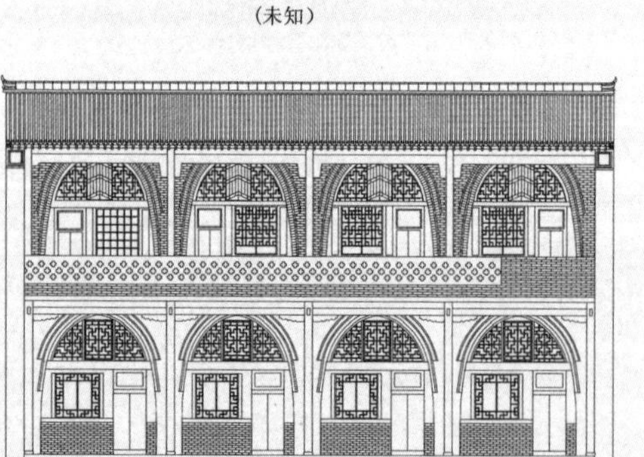

一层无檐二层砖砌栏杆
四开间正房立面
（未知）

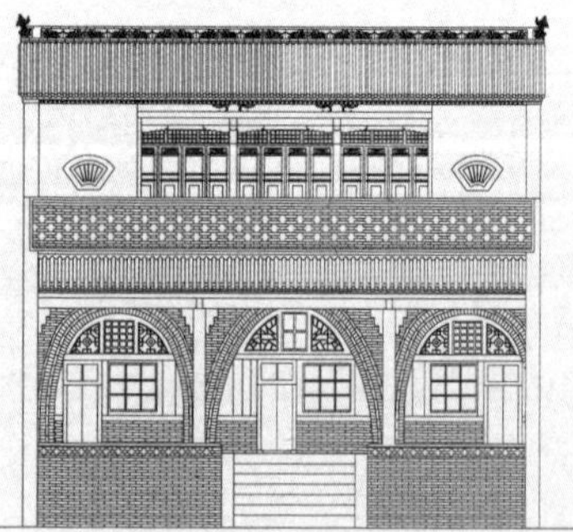

一层有檐二层砖砌栏杆
三开间正房立面
（DF-03院）

图4-3 不同形式的正房立面

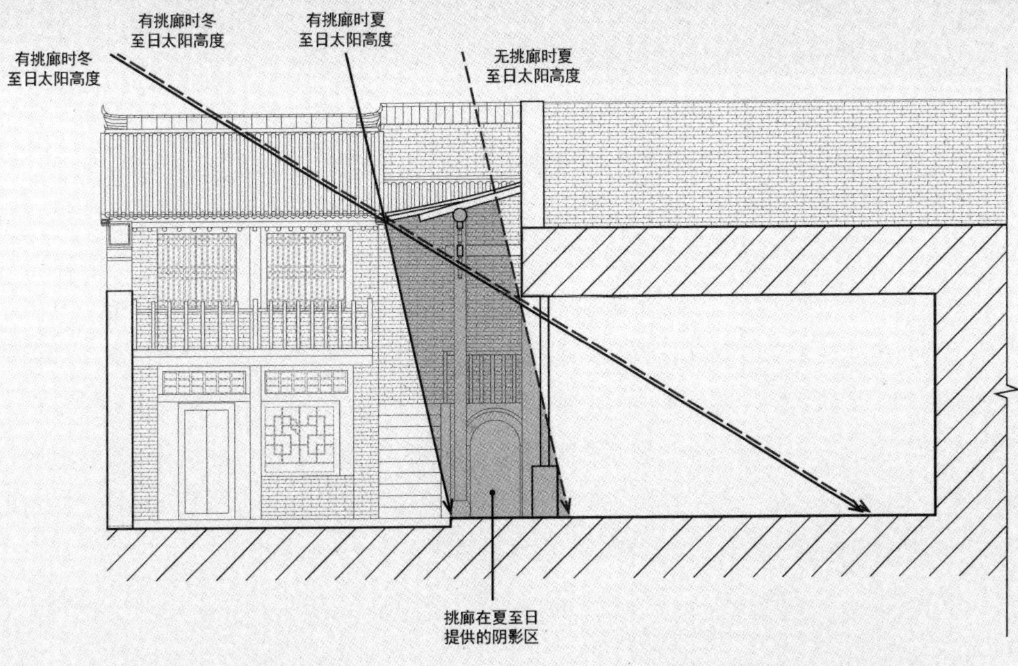

图4-4 正房前的木廊及其采光分析

体之外1米左右。廊的存在为庭院创造出了灰空间，给建筑的外立面增加了空间层次感，使正房立面更加庄重得体，同时改善了房屋采光（图4-4）。一层、二层均为有檐廊，在二层的檐廊下设有栏杆，主要为木栏杆或砖砌栏杆。一般情况下，檐廊下有装饰，比如雀替和柱础。正房廊下的柱子有木质的和砌筑的之分。为了显示正房的权威地位，正房前均有三至五阶石质台阶。台阶两边一般有抱鼓石，但台阶的形式不一，有的三间通长，有的和中间一孔窑洞同宽，有的则较为简单，比中间窑洞门略宽。

在功能布置方面，夏门村正房一层三眼窑洞一般各开门窗，中间一眼窑洞里面放一张条案，上面供奉着牌位，案前置一八仙桌，八仙桌左右各放一把椅子。其余两间靠窗处设一个大炕，一般由家长带着未成年子女居住。少数一层三眼窑洞也有一明两暗的，中间窑洞开一门一窗，两边两眼窑洞各开一大窗，其功能布置与前相同。通往二层的楼梯设在前廊的两端，楼梯的台阶多为砖砌，台阶宽度在0.9米左右。正房二层一般做储藏之用，若家里人多住不下，也会用来居住。

2）厢房

夏门村民居的厢房（图4—5）三开间和两开间的较多，也有一开间的，这因地形和院落的规模而异。一般而言，平缓地带院落的厢房开间数可能多，用地紧张、地势陡坡地带的院落的厢房开间数少。夏门村民居的厢房建筑高度一般为两层，也有一层的。一层的厢房多出现在后堡道院落群中，建筑结构形式为梁架结构，呈“一明两暗”的平面布局，明间为堂屋，是家人的起居之所，暗室为卧室，供成年子女居住，与正房功能布局大体相同。两层的厢房，其一层一般为砖窑结构，二层有梁架结构的，也有砖窑结构的。有的厢房像正房一样，一层前面有通长的廊，不过一般没有檐，二层才有檐，二层檐廊下的栏杆也有砖砌和木质的之分。厢房不像正房前面有台阶，但是，一般散水会略高出庭院地坪。通往厢房二层的垂直交通就是正房前面廊两端的楼梯，不但能通往正房二层，也可以通往厢房的二层。厢房二层一般不作居住之所，通常用来储藏物品。厢房的门窗装饰形式和正房相似，但雕刻和饰纹没有正房的丰富，建筑高度和规模也不如正房。

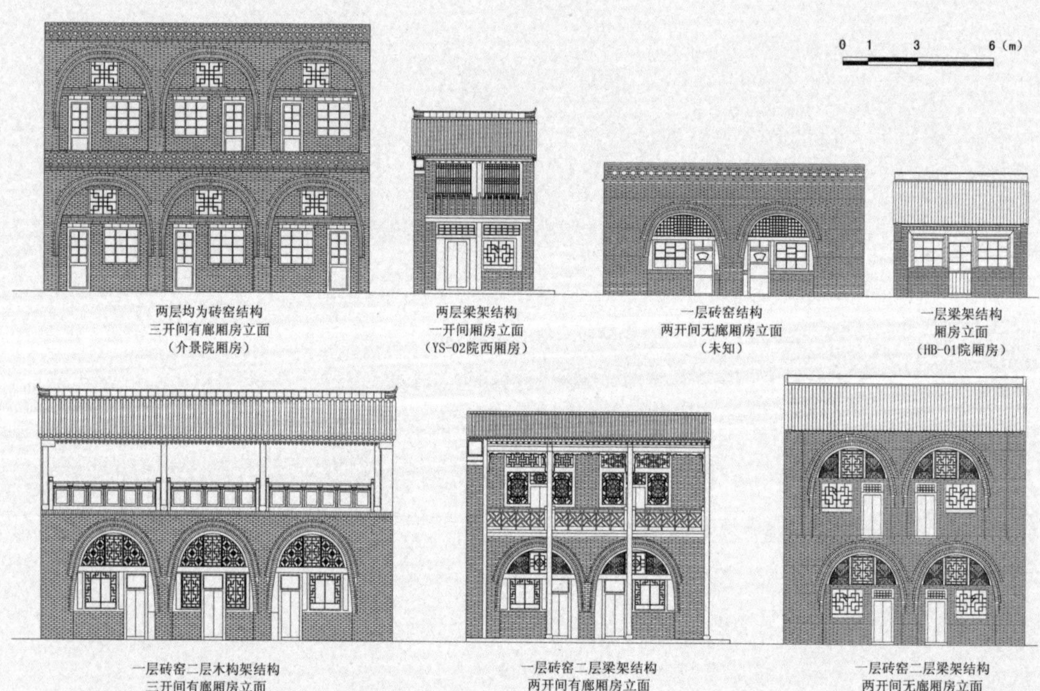

图4—5 不同形式的厢房立面

3）门楼

大门是一幢宅院的脸面，它的形制、建造的好坏、雕饰的多少都被赋予了重要的象征意义，它显示宅子主人的身份、社会地位以及文化修养。俗语“门第高低”、“门当户对”、“光大门楣”就是此类意思的形象比喻。一般而言，身份地位显贵之家被称为“高门大户”，普通百姓之家被称为“小户寒门”。这样一来，居住者必然会对住宅大门投入更多的财力和心思，以显示出自己的身份地位、经济水平以及文化层次、审美品位、性格取向和兴趣爱好。

门楼是大门的最主要元素，是私有空间的第一道入口，具有界定空间、安全防卫、供人们进出的基本功能。夏门村民居的门楼可以分为两大类：一是屋宇式门楼；二是随墙式门楼（图4-6）。一般而言，经济实力较强、有一定社会地位的人家设屋宇式门楼，普通百姓

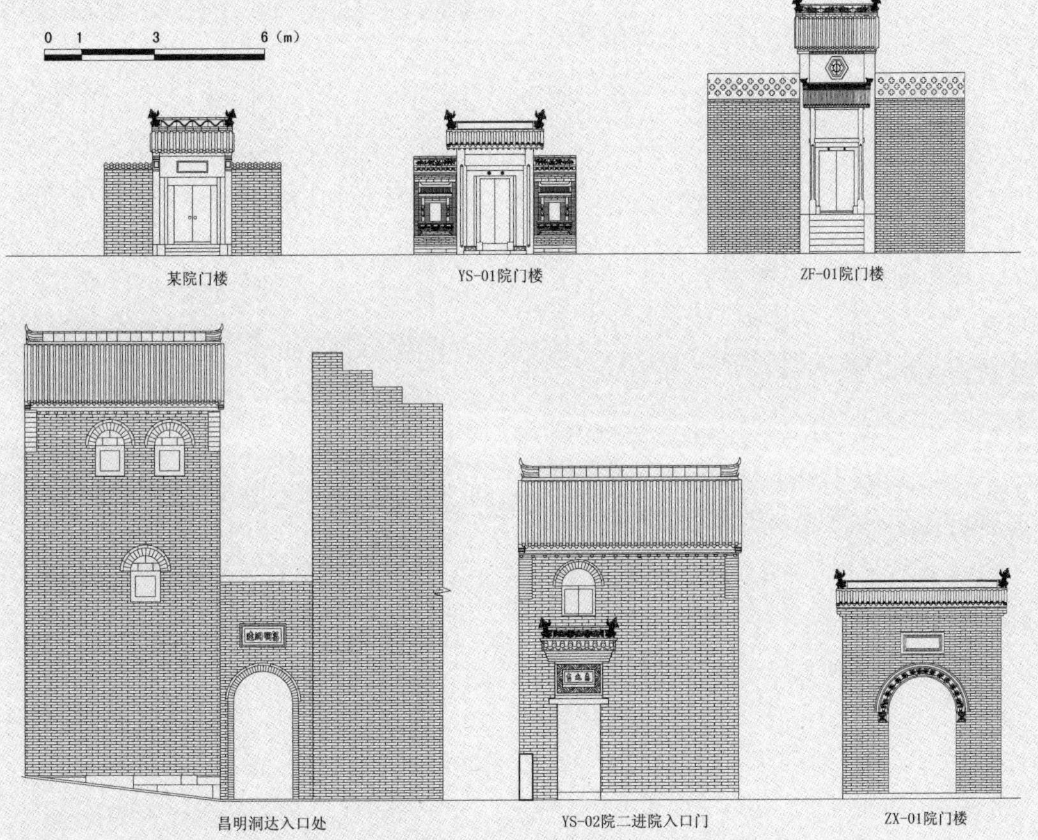

图4-6 不同形式的门楼立面

人家设随墙式门楼。随墙式门楼本身没有进深，跨过门槛便直接进入院子。这种形式的门楼在夏门村最普遍、最为常见，基本造型也大致相同，主要由腿子、门楣、屋面、脊饰等部分组成，整体比较简单朴素。

另外，夏门村民居门楼常常带有屏门（也称仪门或者二门），其与正门相对而立（图4–7）。屏门具有照壁的遮蔽视线、抑景和障景的作用，也具有装饰作用。平时屏门都是关闭的，只有在逢年过节或举办重大仪式时才打开。人们出入时从侧面经过，绕“S”形路线。不过，就是简单的槅扇门，门板相对较薄。与门楼的正门相比，屏门较小。

图4–7 蕴山辉院屏门

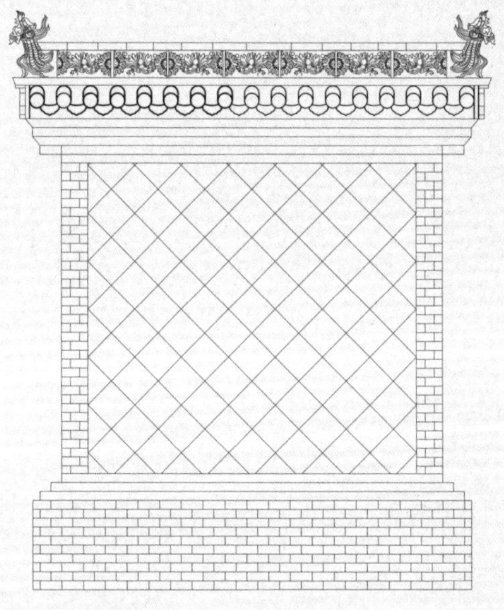

图4–8 影壁结构示意图

4）照壁

照壁也称萧墙，萧在古代与“肃”相通，有“肃敬”的意思。照壁的功能是遮挡外人的视线，避免外人向大门内窥视，也可以说是庭院的第一道“屏障”，同时也极具装饰功能。照壁由座、身、顶三部分组成，一些简单的影壁没有座（图4–8）。照壁是夏门村民居院落的重要组成部分，是院落空间的一种屏障。

夏门村照壁可以分为大门内照壁和大门外照壁两大类。大门内照壁根据其位置的不同，又可以分为独立照壁（独立于厢房山墙之外，在刚进院门的正面，多为砖砌）和座山照壁（在厢房的山墙或者隔墙上直接砌筑，与山墙一体）。大门外照壁与院门正对，与院落位于街巷的两侧，主要标示院门的位置和遮挡对面的房屋。

照壁位置形式分析　表4-1

影壁形式	平面示意图	位置	分析
内照壁		西部某院	正对大门，独立存在
		HB—02 院	借助厢房山墙，与山墙一体
外照壁		YS—06 院	照壁与大门位于街巷异侧，独立存在
		中部某院	借助前面屋墙

经过分析，夏门村照壁主要有以下几点功能：其一，遮挡行人视线，使行人不能窥视院子内部；其二，大门外照壁是一个院落的位置标志，大门内照壁提示人们即将进入院子。客人在来访时，可以在照壁前稍停片刻，整理衣冠，然后进入院子拜访主人；其三，遮挡入口内外杂乱的景物或者呆板的墙壁，美化入口。其四，避免了“冲煞”。传统民居一般讲究房门不能直接对着院子入口，从入口进入院子需要绕“S”形路线，不能直来直去，不然便会犯“冲煞”。

3.院落形式

夏门村地形复杂，依山而建。因此，其院落形式呈现多样化。夏门村的院落形式基本分为平地合院式、跃层合院式、堡中有堡多院相套式三大类，并且在此基础上进行横向串联和纵向并联组合，形成了灵活多变的组合。

1）平地合院式

平地合院式住宅形式（图4-9）在夏门村内数量众多，是村中较为常见的院落形式，主要有三合院和四合院两种形式，由正房、厢房、倒座、门楼、照壁等基本建筑元素组成。这种形式的院落正房与厢房位于相同的水平面上，一般为一进院，但入口一般变化多样。入口的变化一般有两种形式：一种是位置的变化，三合院的入口正对正房，四合院的入口在院落偏左；一种是与庭院地面高差的变化，三合院的入口与庭院在同一水平面上，四合院的入口地面一般比庭院地面略低。平地合院式住宅的院落一般为方形，其院落占地的长宽比在2：1和3：2之间。其庭院较为宽敞，利于各房屋采光，其长宽

图4-10 平地合院式住宅主要集中区

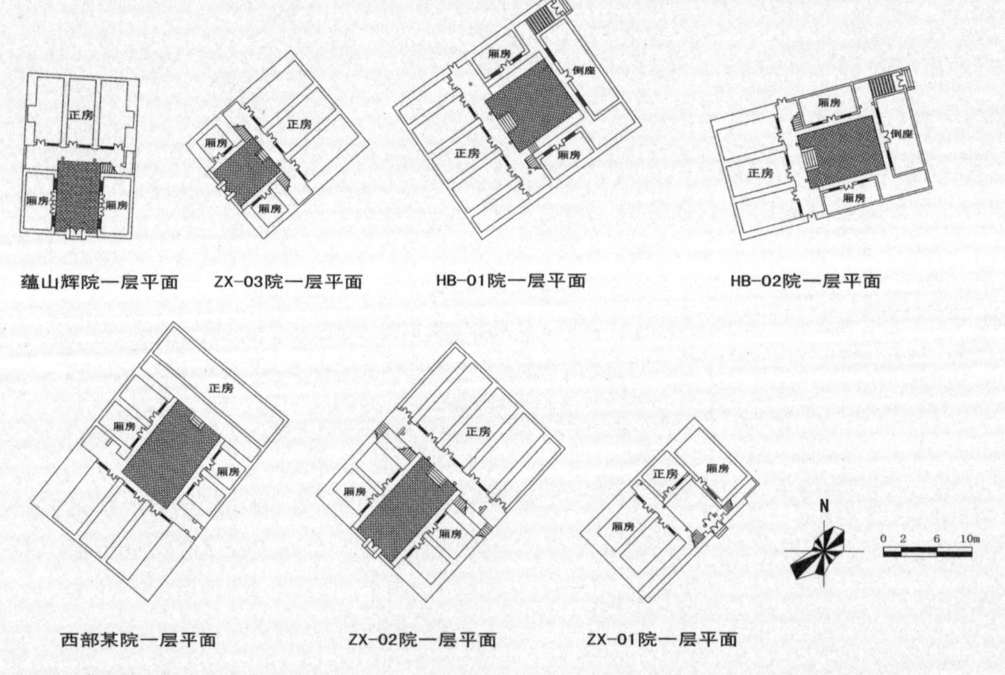

图4-9 常见的平地合院式平面形式

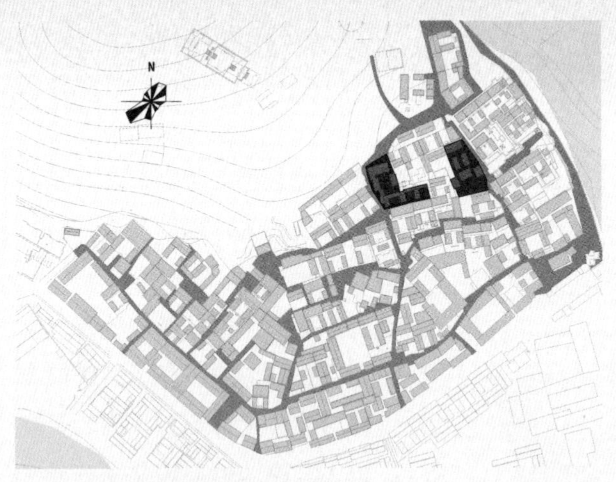

图4-12 跃层式合院住宅主要集中区

比在2：1和1：1之间，长度6～10米，宽度4～8米。平地合院式住宅遍布了堡内大部分区域，靠近汾河河滩、地势平缓的东、西、中街附近较为集中（图4-9）。

2）跃层合院式

跃层合院式院落依地势而建，适合地形复杂、有一定坡度的山地。多为两层及以上的靠崖窑洞，窑洞形式为接口窑，几乎所有窑洞均采用砖箍窑面。前后院落之间有高差，院落之间有多种垂直交通形式连接。院落采取退台式布置，避免上层院落建筑的荷载传输至下层院落的建筑，影响下层院落建筑的安全。这样一来，下层院落正房的顶部为上层院落的前院，形成上层院落的庭院空间，利于建筑采光，也节省了用地（图4-11）。因此，跃层合院式院落是一种占地面积最小的院落形式。跃层合院式住宅多半遍布在龙头岗的高地上，沿大夫巷和后堡道居多，是夏门村主要的院落形式（图4-12）。

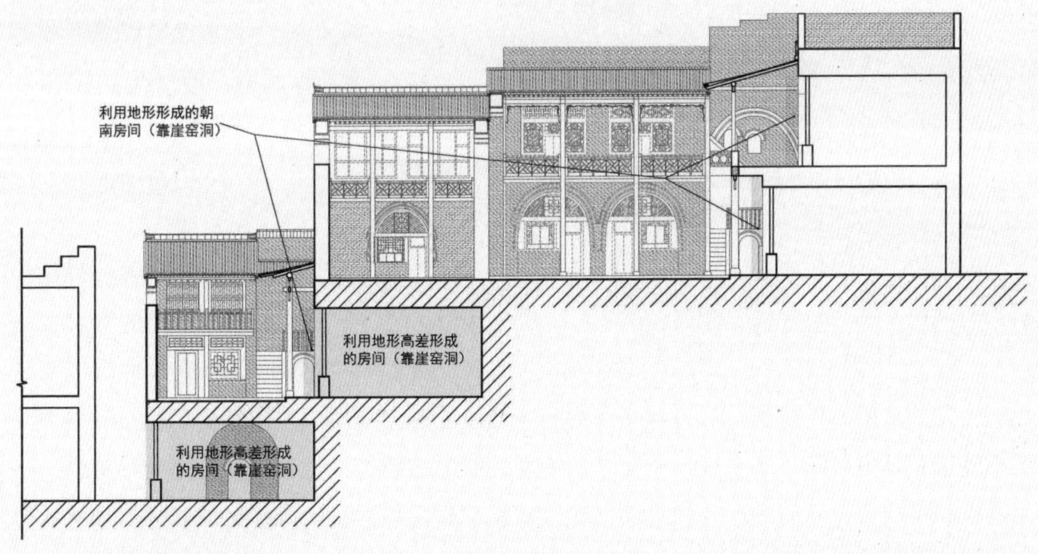

图4-11 跃层合院式剖面形式

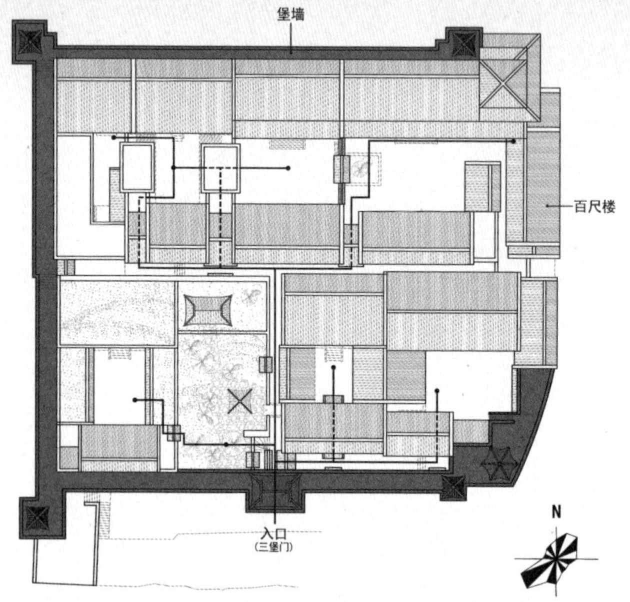

图4—13 堡中有堡多院相套式平面形式

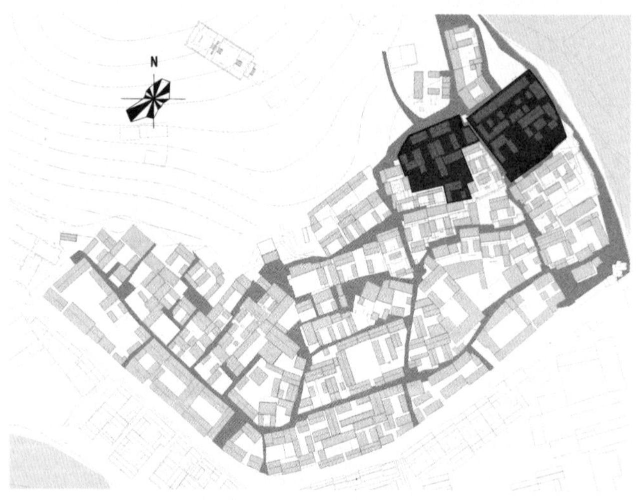

图4—14 堡中有堡多院相套式住宅主要集中区

3）堡中有堡多院相套式

堡中有堡多院相套式院落单元平面接近平地合院式，可以说是由多个平地合院式相套形成的院落形式，且外围有高大的堡墙（图4—13）。此类院落不同于前两种院落，其水平交通方式多样，多腰门和甬道，占地面积比跃层式合院大。其高大的堡墙是顺应战乱抵御外敌所筑，院落外侧要么依凭天险，要么筑有高墙，故防御功能更加突出。其院落形式表现为院中有院、院院相通，衬窑、暗道的运用也较为广泛。这类院落多分布在古堡东侧靠近汾河一侧的高崖上，代表性的是大夫第院落群和御史院院落群（图4—14）。

4.入口空间

入口在建筑个体和群体组合中具有十分重要的意义，是中国传统民居建筑的表现手法之一，它是从街巷到院落、从公共场所到私密场所的过渡空间。入口空间的组成和性质受住宅等级和基地影响，有时是一个简单的牌楼，有时由照壁、门楼等要素组合而成的。不同的空间组成会有不同的形式和界面，通过对夏门村民居建筑的入口形式和入口界面的分析，对其入口空间进行介绍。

1）入口形式

在夏门村，由于基地多为坡地，街巷也较为狭窄，入口形式也呈现多样性。经过调查，根据入院方式的不同，可将夏门村民居入口分为平入、向上进入和向下进入三类（表4-2）。

村中现存入口形式一览表　　表4-2

编号	实景照片	院落	入口平面	入院方式	形态分析
1		介景院		平入	入口朝东，素面墙开出简单门洞，形式简单，低调朴实
2		蕴山辉院		向下进入	入口朝南，较为少见，庭院地平比街巷较低
3		东部某院		向下进入	入口朝北，利用狭长坡道将人引入简单的门洞
4		YS—06院		向上进入	入口朝东，由于地形高差较大，先用台阶解决高差问题，再设入口，柱子强调了入口的对称性
5		谦受益院		向上进入	入口朝南，几级台阶和柱子显得更加庄重，富贵人家宅院常用这种形式
6		知府院		向上进入	入口朝南，庭院与街巷高差较大，入口两边用台阶和坡道解决高差问题，加上柱子，更显其对称
7		后堡道院		向上进入	入口朝东，庭院与街巷高差较大，门外设台阶，门内设坡道，很好解决高差问题，也不占用太多的街道空间
8		中部某院		向上进入	入口朝南，庭院与街巷高差较大，先用台阶解决高差问题，同时具有导向性，门前常设有平台

2）入口界面

入口空间界面是一个整体，由门、台阶、墙等元素组成。由于前面已对门做了介绍，下面就只对台阶和墙进行介绍。

（1）墙

墙是街巷界面天际线的主要构成元素，而墙往往不是独立存在，它只是房屋的轮廓表现，决定于房高、院宽和房型。从入口外观看，墙受院落形式的影响。夏门村民居多为三合院、四合院及由其衍生而来的院落，下面就以三合院、四合院为例进行介绍。

夏门村三合院普遍存在，而四合院主要分布在后堡道院落群。三合院两厢房的山墙和庭院的围墙组成实体界面，门楼位于中间。厢房有单坡、平顶屋顶，有一层、两层之分。四合院倒座后墙组成实体界面，门洞偏左侧。倒座一层，单坡向里或者平顶屋顶。这样一来，根据不同的层数和屋顶形式就形成了六种组合，相应的入口界面也有六种形式。实际调研发现，只有四种形式，三合院两层和四合院平顶不存在。其中，三合院三种形式，四合院一种形式。

入口界面形式分析　表4—3

院落形式	编号	屋顶形式	层次	入口界面立面示意图
三合院	1	单坡向里	1	
	2	平顶	1	
	3	单坡向里	2	
四合院	4	单坡向里	1	

（2）台阶

台阶是入口的一个重要标志。夏门村民居台阶有多种做法，根据与墙的位置关系，将其分为包含、相交、相切三种关系形式。

入口台阶与墙的关系分析　　表4-4

与墙的位置关系	实景照片	基本平面示意图	分析
包含			领域感最强，标志性较弱
相交			最为常见，节省空间，有一定的领域感和标志性
相切			一般沿街道方向，标志性最强，领域感较弱

图4-15 御史院院落群区位图

二、典型居住建筑

1.御史院院落群

1）空间格局

御史院院落群（图4-15）位于夏门村北部，西邻御史巷，东接大夫巷，北至后堡道。现保存下来的有九个院落，其中保存较为完整的有六个。东侧有大夫第院落群，南部有知府院院落群，北部有

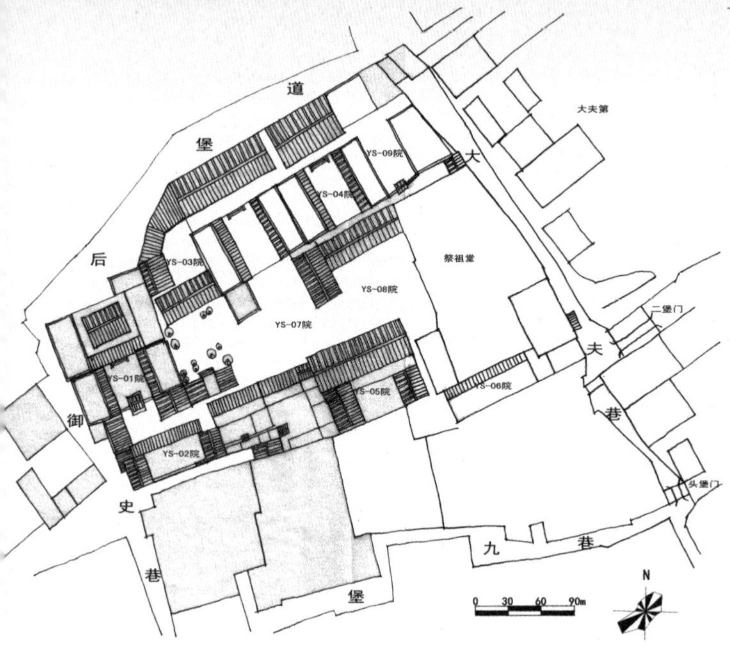

图4-16 御史院院落群屋顶平面图

图4-17 御史院院落群一层平面图

后堡道院落群。该院落群是由梁宏魏（梁氏八世）、梁绘山（梁氏九世）和梁氏十世的梁中廉、梁中靖、梁中孚、梁中简先后建造，因曾任京畿道监察御史的梁中靖续建、居住、执教于该院而得名。（图4-16～图4-20）

整个院落群主体原由明窑、暗窑、底窑、顶窑、正窑、厢窑、大窑、小窑、衬窑等砖拱结构组成，辅以厅堂、顶楼、厢楼、门楼、穿廊等砖木梁架结构。各院落通过暗窑、地道、偏门、暗道等相通，有隐匿、躲避、逃逸的防御作用。为了适应土地资源极为紧张的情况，在建造整个院落时采用层窑迭起的手法，增加建筑面积，提高土地的利用率。我们将这种建筑做法称为“衬窑法”。在建造衬窑过程中，院落下面形成了很多暗空间，营造者利用部分暗空间，修建成联络各院落的暗窑、地道、暗道，使整个院落群之间相互贯通，发挥隐匿、躲避、逃避的作用。另外，在院落上部的甬道内出现了拱门，其中在YS-02院窑上出现了“拱上起拱、拱中套拱、拱拱交错”的奇巧景象。

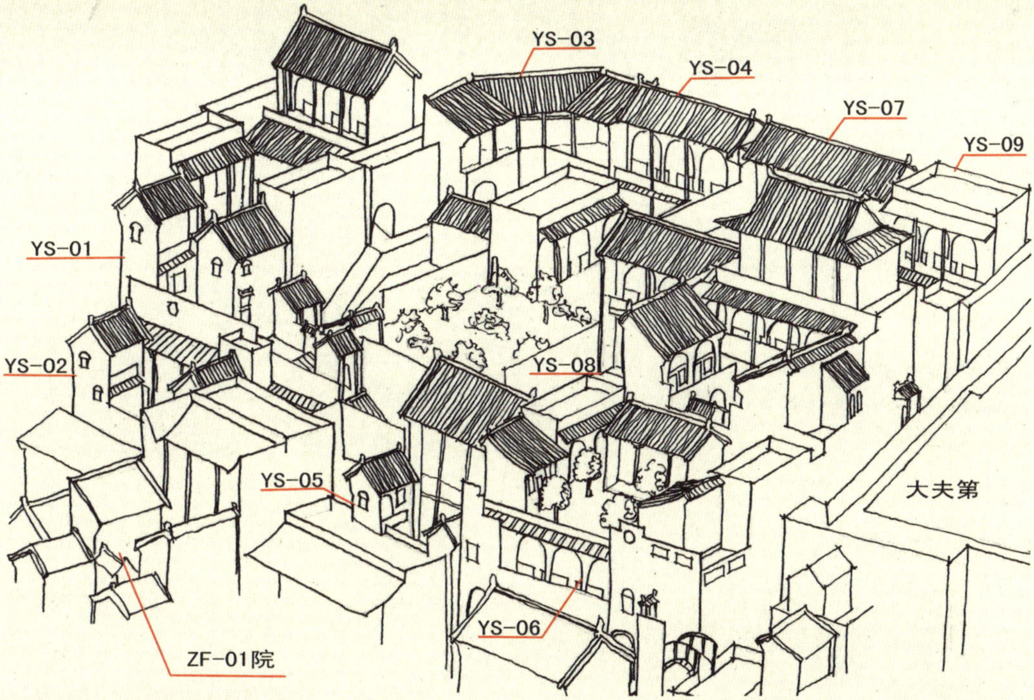

YS-03
YS-04
YS-07
YS-09
YS-01
YS-02
YS-08
YS-05
大夫第
YS-06
ZF-01院

图4-18 御史院院落群推测示意图

图4-19 御史院院落群现状鸟瞰图

图4-20 仰视御史院院落群

图4-21 损毁严重的YS-07院

御史院建筑群拆毁严重，许多建筑已经完全被拆毁，基本失去了原有的形制和装饰，特别是二层及以上部分几乎全部被毁。尽管如此，通过遗留下来的现有院落建筑，我们还是能够窥出当年的威严气势。御史院院落群建筑布局紧凑、庄严，主次有序，开合自如，其建筑群有以下特点：

①主要院落均坐北朝南，门楼位置依地形地势而定；

②地势高差明显，院落呈阶梯状错层布置，前院几乎不影响后院采光；

③不同的院落运用暗窑、暗道相通，并在地上开门，交通选择性强、灵活性大。

图4-22 YS-01院鸟瞰图

2）主要院落分析

由于御史院建筑群拆毁严重，许多建筑已经完全被拆毁（图4-21），现对保存较为完整的YS-01院、YS-02院、YS-05院、YS-06院进行介绍。

（1）YS-01院

YS-01院（图4-22～图4-25）位于御史院建筑群的西北角，西邻御史巷，北靠后堡道。YS-01院为三合院，正房建筑3层，一层、二层为“明三暗五”的砖窑外檐式建筑，面阔约20米，进深约7.5米。三层为硬山梁架式木建筑。现三层已经完全被毁，只留下一、二两层。正房檐廊下西侧设有楼梯，楼梯可以分别通往正房和厢房二层，再往上，楼梯通往西厢房房顶，然后到正房三层。楼梯下

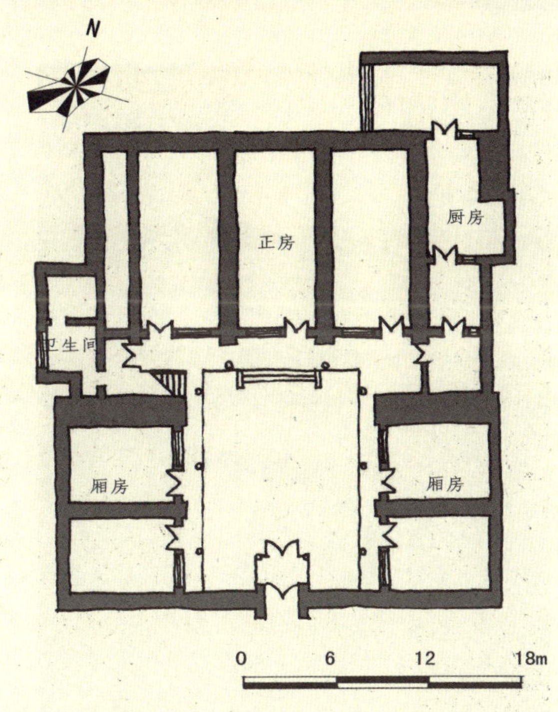

图4-23 YS-01院一层平面图

图4-24 YS-01院正房

图4-25 YS-01院正房檐廊下空间

图4-26 YS-01院西厢房

面是卫生间的入口，厕所合理利用了空间，形式独特，在一个狭小空间里，共有大小12个拱交错。二层与卫生间相对的位置是仓库，其空间关系和卫生间的空间关系相似。正房一层东端为厨房，内部空间的处理采用了窑中套窑的衬窑技术，利于物品的摆放，合理利用空间。

YS—01院两厢房为二层两开间（图4—26），面阔约9米，进深约4.5米。一层为外檐砖窑，二层为砖木结构建筑。西厢房保存相对完整，东厢房的二层已经完全被破坏。厢房除檐廊采用木栏杆外，门窗装饰也较为精美，柱础和门枕石都有雕刻。

（2）YS—02院

YS—02院（图4—27）位于御史院建筑群的西南角，西邻御史巷。其上为通往YS—01院和其他单元院的甬道，其下有并排三眼大窑洞，窑洞门开向窄巷。据村内人介绍，这三眼窑洞以前是村里的商铺。整个院子的入口为随墙式门楼，由于地势高差，门外设有台阶，门内设坡道，很好地适应了用地紧张的状况。

YS—02院为两进院，由于其特殊的地形，第二进院的入口设在其东厢房处，第一进院则无厢房，但每进院落均呈三合院形式。第二进院入口门头装饰精美，有匾额、屋脊兽（图4—28～图4—30）。匾额中间方框内镶“惠迪吉”，方框外围祥云，祥云再向外又是一层方框，构图清晰，层次感强。“惠”，顺；“迪”，道。意为顺着道做就吉利，反之

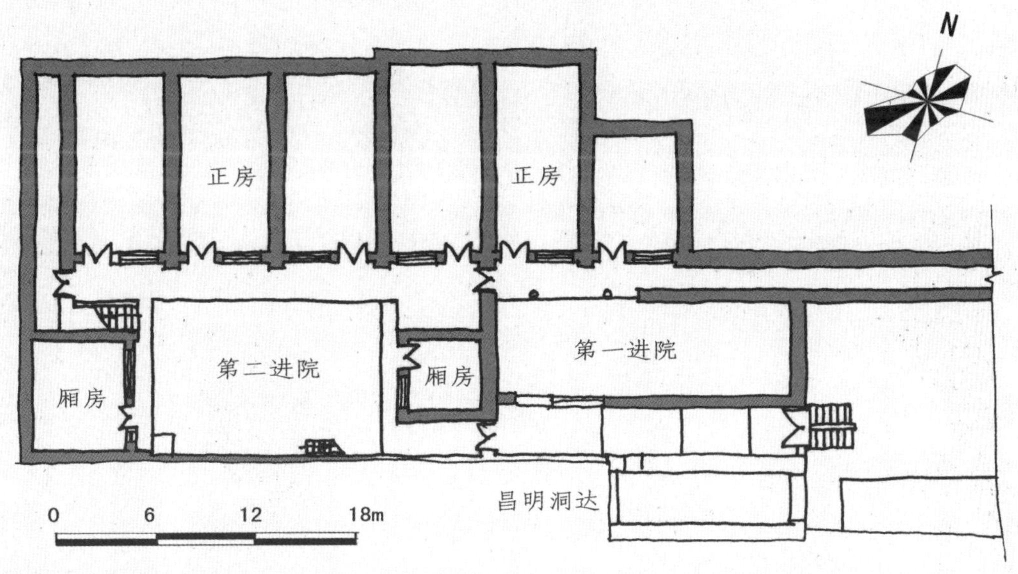

图4—27 YS—02院一层平面图

图4-28 YS-02院入口门楼

图4-29 YS-02院入口“惠迪吉”匾额

图4-30 YS-02院入口屋脊兽

图4-31 YS-02院二进院正房

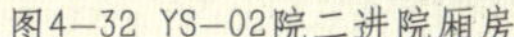

图4-32 YS-02院二进院厢房

图4-33 “昌明洞达”匾额

则凶险。语出《尚书·大禹谟》：“惠迪吉，从逆凶，惟影响”。屋脊兽为望兽，身覆鳞甲，胡须从头下一直延伸到兽身，起到收边的作用。面露表情，嘴大张，毛呈火焰形。脊兽张嘴表示这家是做官的，允许开口说话，该脊兽嘴大张，也显示出了主人当时的权位。

YS-02院第二进院南面为镶有“福”字的照壁，正房是一层面阔四间的外带木质檐廊砖砌窑洞（图4-31），面阔约18米，进深约6.8米。东西厢房均为两层外檐梁架结构建筑（图4-32），面阔约7.2米，进深约4米。一层均向内开门窗，二层在外墙开有拱形窗。东厢房外带楼梯，西厢房北侧有通往上层转角楼梯，在正房西侧利用地形有狭长形小天井作为厕所。YS-02院第一进院的正房与第二进院正房相似，东厢房已经被毁。

图4—34 YS—05院前庭院

（3）YS—05院

从“昌明洞达”匾额处进入御史院院落群正对面即为YS—05院（图4—33、图4—34），该院落入口与YS—02院相对。YS—05院入口门楼为屋宇式门楼，门楼两层，形式简洁（图4—35）。门楼上层向外开正六边形窗户，窗下有镶“福履成”石匾额（图4—36）。“履”通“禄”。《诗·周南·木》：“福履绥之”。“福履成”即福和禄都可得到。

YS—05院为三合院，正房已经被翻修，厢房被毁。在其院落下面有多处暗窑、暗道，暗窑进深较深，一般作为储藏之所。暗道长度较长，可通往介景院。

图4—35 YS—05院门楼

图4—36 YS—05院门楼“福履成”匾额

（4）YS—06院

YS—06院位于御史院建筑群的东南角，东邻大夫巷，其窑上为祭祖堂，窑下为介景院。该院大门开向大夫巷，为解决高差问题，入口处设台阶和平台。门楼出墙向外出檐，并设有柱子，隔巷对面设照壁（图4—37、图4—38）。

进入大门，对面墙上有砖雕屏风（图4—39）。屏风呈“八”字形，中间四扇，两边各一扇。六扇屏装饰一致，中部的装饰已经被毁，上部和下部还都存在，但部分已风化。下部砖雕分三层，下两层雕锦式纹，中间三个铜钱纹相连，上层雕如意方框，方框内一圆“囍”字。YS—06院入口本身是一孔窑洞，站在屏风前向内看，有“洞天情致”之景（图4—40、图4—41）。

图4—37 YS—06院入口空间

图4–38 YS–06院门楼（图中老人为现居住在院落中的温俊谦夫妇）

图4–39 YS–06院入口砖雕屏风

图4–40 YS–06院入口洞天情致景象

图4–41 YS–06院入口处天井

图4-42 大夫巷上天桥

通过石台阶，YS—06院次入口顶部有一门，过了这道门就是祭祖堂。过了该院次入口有一楼梯，经该楼梯可到达大夫巷上的天桥（图4—42）。在天桥前有一平台，平台上建有一圆形洞的壁，透过圆洞看YS—06院正房，别有一番情致（图4—43）。

图4—43 YS—06院圆窗

2.大夫第院落群

1）空间格局

大夫第院落群（图4—44）位于夏门村的东北部，四周有石质堡墙围护，据村里人介绍堡墙四角各建瞭望楼一座，现在都已经被毁坏不存在了。大夫第院落群西邻大夫巷，北邻后堡道，东到百尺楼，南接关帝庙和永宁堡，有头堡门、二堡门、三堡门以及后堡门主要出入口（图4—45～图4—48）。

图4—44 大夫第院落群区位图

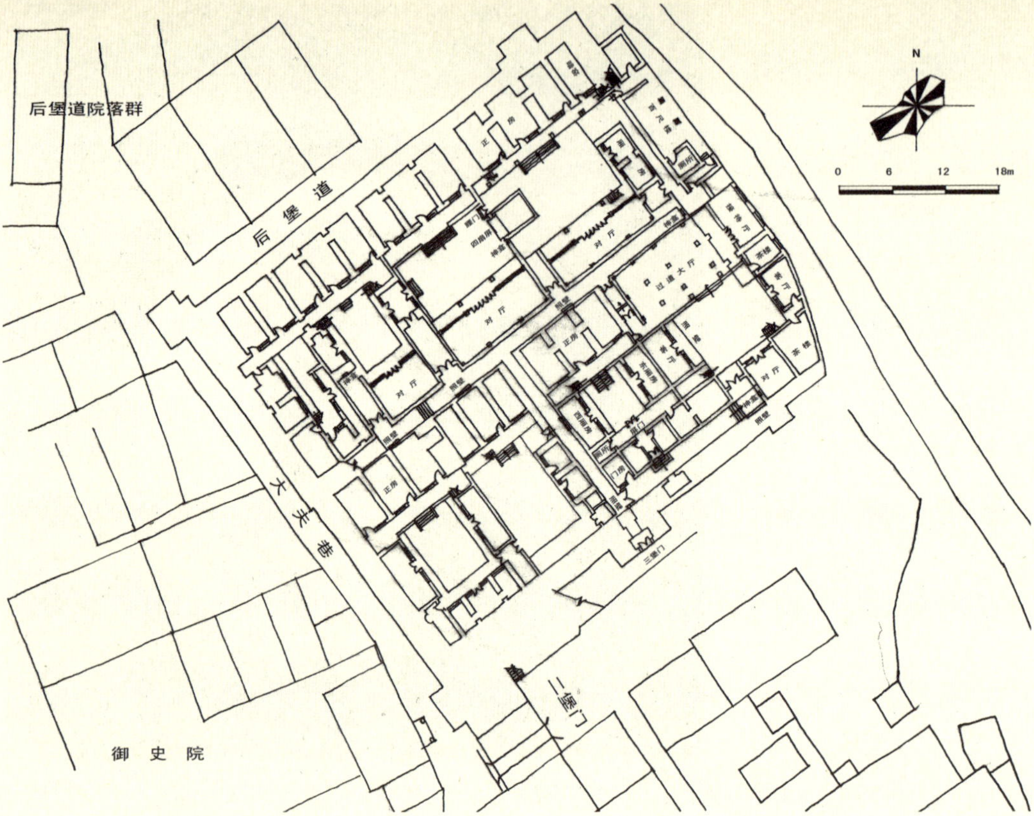

后堡道院落群

后堡道

大夫巷

御史院

二堡门

三堡门

N

0 6 12 18m

图4—46 大夫第院落群复原首层平面图

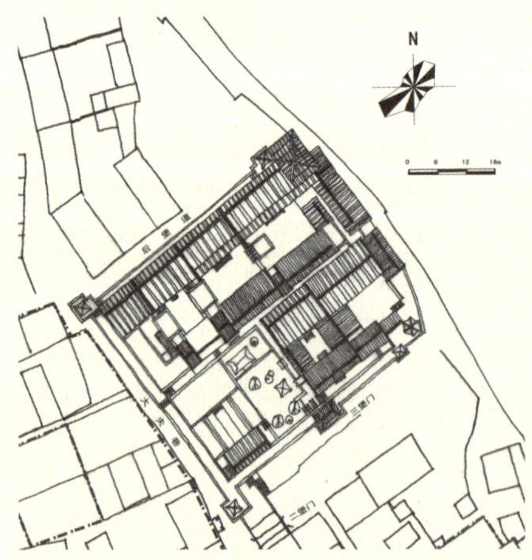

图4—45 大夫第院落群复原屋顶平面图

图4—47 大夫第院落群推测示意图

图4-48 大夫第院落群现状鸟瞰图

由《梁氏墓碑记》知，大夫第是由梁维屏（梁氏四世）建造的，后因其孙中宪大夫梁枢（梁氏七世）续建并居住而得名。根据梁氏族谱可以推算，大夫第院落群始建于清朝康熙末年，终建于乾隆三十年（1765年）前后。

大夫第四周堡墙东西长分别为70米、60米，南北长均为55米，高8～12米不等，下宽3米，上宽2米。下部用毛石砌筑而成，上部有的用砖、有的用石头砌筑而成。堡墙平面基本呈矩形，毛石砌筑成堡墙，外观粗犷、古朴，体现古堡原有的风貌。大夫第大部分建筑为砖砌窑洞，部分建筑为砖木梁架结构，暗窑、暗道、甬道把整个大夫第的院落相互串通起来。同时，大夫第的衬窑、暗道系统联通了百尺楼和永宁堡，使夏门村的防御体系更加完整严密。大夫第具有居住、藏匿、防守、隐退等多样功能，其中防御性功能最为突出。

大夫第建筑群破坏严重，许多建筑都遭到不同程度的破坏，基本丧失了原有的布局形制和空间构成，有些甚至完全被破坏，四角的瞭望楼已经不复存在，找不到一点痕迹。尽管如此，通过残留下的院落建筑、内巷、暗道、装饰和雕刻，我们还是能够体会到当年的雄壮坚固的宅院盛况。

大夫第院落群布局紧凑，主次有序，条理清晰，形势严整，其建筑群有以下几种特点：

①所有院落均坐北朝南，内巷串联各个院落的入口；

②地势较御史院平整，前后进院落严格轴线对称；

③不同院落相互串通，内巷、暗道、暗窑较多，交通选择性和灵活性大；

④依壁而建，堡墙坚固，防御性强。

2）主要院落分析

（1）大夫第

整个大夫第是由一横一竖“T”形巷道划分为前三后四的院落格局，其中DF—02、DF—03、DF—04、DF—07四座院落在正房的对面有对厅（图4—49～图4—51）。据介绍，对厅是供堡内居民婚丧嫁娶，祭祖集会时唱戏、会谈之用。对厅的建筑形式采用了木构架承重体系，现这些建筑都已经毁坏，据现存遗迹推测建筑跨度较砖窑略大，开间约为6米，也采用木构檐廊作为承重体系的保护措施。其中DF—07院落中有过道大厅作为前后进院落的连接过渡，这种形式在夏门古堡中比较特殊。该建筑现已经被翻新，原来面阔4间，进深

图4—49 DF—03院落

图4—50 DF—04院落

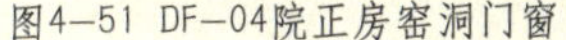

图4-51 DF-04院正房窑洞门窗

图4-52 DF-03院的四扇屏照壁

2间，屋顶为硬山双坡屋顶，外加前后双檐廊，四周通透开敞，是堡内召开宗族集会等重要活动的地点。

大夫第七个院子全部遭到不同程度的破坏，很多建筑都已被毁，现在没有一个院落被完整保留下来。其中后面四个院落的正房一层都还被保留下来了，厢房被保留下来的很少。后面四个院子的正房呈“一”字排列，各院的开间数为2～4。在DF-03院内有一四扇屏照壁，照壁基座和身被风化，其顶保存较为完整。顶部装饰精美，砖雕斗栱，三组斗栱之间雕“喜上眉梢”（图4-52）。DF-05院结合自然，人工创造了景致优美的园林，成为防备森严的古堡中画龙点睛的一笔，更加突显夏门梁氏风雅的生活态度。DF-06、DF-07院被毁得最为严重，其格局已经辨认不清。

图4-53 百尺楼外立面

(2) 百尺楼

百尺楼位于大夫第院落群的东北角处，是县级重点文物保护单位，为夏门村标志性建筑。百尺楼坐西朝东，倚壁傍水，高约40米，面阔约15米，进深2～4米。整座楼座于石基之上，背倚石壁，1～3层为砖拱结构，其余为砖木结构。一层、二层各有3孔窑洞，相互通连，窑后壁石裸露，凹凸不平。二层下留有楼梯口，上筑有砖阶30级。三层有4孔窑洞，窗户比下层的窗户稍大，窑内较为敞亮，窑后用砖砌筑，平整规则，有砖阶27级通往四层。四层为顶层，名曰“云厅”，云厅北头有小屋两楹，该小屋为百尺楼的门卫房，北墙开有一方形小窗，东墙开有六边形、扇形小窗各一个。云厅南头有一间大厅，大厅外上方又建三亭。据介绍，三亭名为茶亭、酒厅、凉亭，供人们品茶、饮酒、赏景。酒亭在绝壁上悬空而建。云厅北头小屋上方的窑洞顶上，又建一小亭，高出云厅6米左右，亭上挂有扇形黑底金字小匾曰“百尺楼”。在设置方面，百尺楼一、二层用以存放物品，三层用于居住，四层可赏景、居住。(图4—53、图4—54)

3.知府院院落群

1) 空间格局

知府院院落群位于夏门村中部（图4—55），西邻御史巷，南接堡九巷，东有大夫巷。由梁氏九世梁彩山、梁彩藻兄弟与十世梁景鸾（历任桂林府同知、庆远府、柳州府知府）、梁企鸾（敕授文林郎、浮山县教谕、议叙加二级）、齐鸾（贡生）兄弟先后修建于康熙末年和乾隆初年，因曾任知府的梁景鸾参与修建、居住而得名。现存ZF—01、ZF—02、ZF—03三个院落，为砖拱窑洞结构与砖木梁架结构相结合的建筑群（图4—56、图4—57）。

图4—54 百尺楼四层云厅

图4—55 知府院院落群区位图

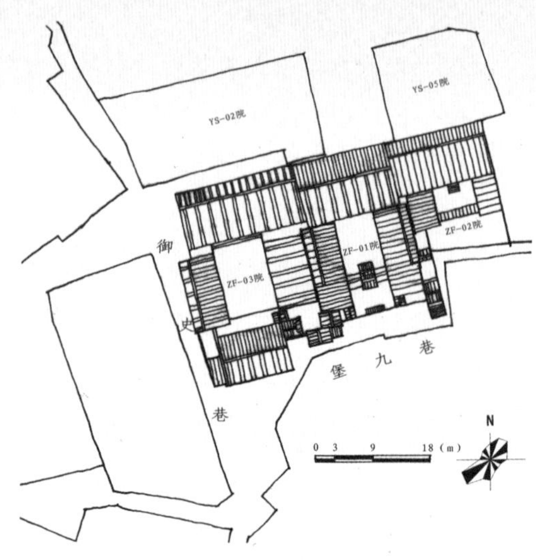

图4—56 知府院院落群推测屋顶平面图

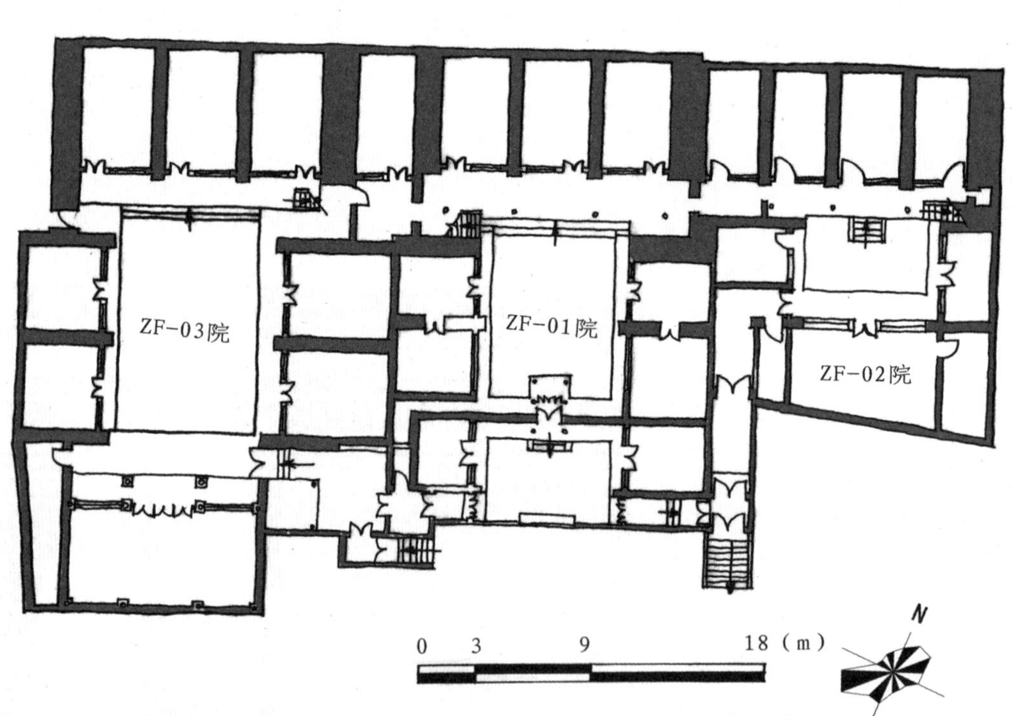

图4—57 知府院院落群复原一层平面图

图4-58 俯视ZF-02院

2）主要院落分析

知府院院落群许多建筑都遭到不同程度的破坏，基本丧失了原有的布局形制和空间构成，有些甚至完全被破坏，比如以前的花园已经成为现在的新院落，ZF-03院也完全被毁。尽管如此，通过残留下的院落建筑，我们还是能够窥出当年的盛况。现在保存较好的有ZF-01、ZF-02两个院落。

ZF-01院是知府院院落群最主要的院落，为两进院落，其形式和建筑装饰都显现它的重要地位。该院的地势相对较高，原来大门开在东南角，现在已经被封堵，新大门开在正对正房的位置。大门两边各设坡道，门楼前设平台和影壁。院内除二进院的正房外全部被毁，并在原来的建筑遗址上建了两排厢房。二进院正房为两层三开间外檐砖窑建筑，屋顶为单坡硬山顶。在一层檐廊下两端有通往二层楼梯，檐廊前设三级通长石台阶（图4-59）。

图4–59 ZF–01院正房

图4–60 ZF–01院“戬毂”匾额

图4–61 ZF–01院“馨宜”匾额

图4–62 ZF–01院“无逸”匾额

图4–63 ZF–01院“养余”匾额

ZF–01院匾额丰富，有“戬穀”、“罄宜”、“无逸”、“养余”匾额（图4–60～图4–63）。戬穀：犹言尽善。“戬”通“剪”，尽也。“穀”，谷的繁体字，意为善。《诗·小雅·天保》：“俾尔戬”，后为吉祥之语；罄宜：“罄”，尽。“宜”，适宜得当。《诗·小雅·天保》：“罄无不宜，受天百禄”。罄宜即一切都相宜；无逸：《周书·无逸》：周公作无逸，曰：“呜呼，君子所期无逸，先知稼穑之艰难。”周公戒成王勿好逸恶劳，应知农事之艰。无逸即不要怠惰，不要贪图安逸；养余：“养”，积蓄。“余”，备用之物。《礼记·月令》：“群鸟养羞”。羞谓所美之食，养之以备冬藏。意思是凡是必用之物，不可用尽，应有所积蓄，以备不测。

4.后堡道院落群

1）空间格局

后堡道院落群位于夏门村东北部（图4–64～图4–66），后堡门外，大夫第院落群、御史院院落群北，有HB–01、HB–02、HB–03、HB–04、HB–05五个院落组成，是夏门村建造最晚的传统建筑。五个院落均为一进四合院，均坐西朝东，呈背山面水的朝向。HB–01、HB–02、HB–03、HB–04四个院落门楼朝东开启，HB–05院门楼朝北开（图4–67、图4–68）。

据村民介绍，2007年以来，住户逐渐迁出，目前该院落群已无人居住。由于疏于维护，民居建筑破损严重，院落呈现出一片废墟景象。但民居建筑主体尚存，从坍塌破损的房屋和散落的建筑构件仍能理出原来的民居和院落。

图4–64 后堡道院落群区位图

图4-65 后堡道院落群鸟瞰

图4-66 通向后堡道院落群的甬道

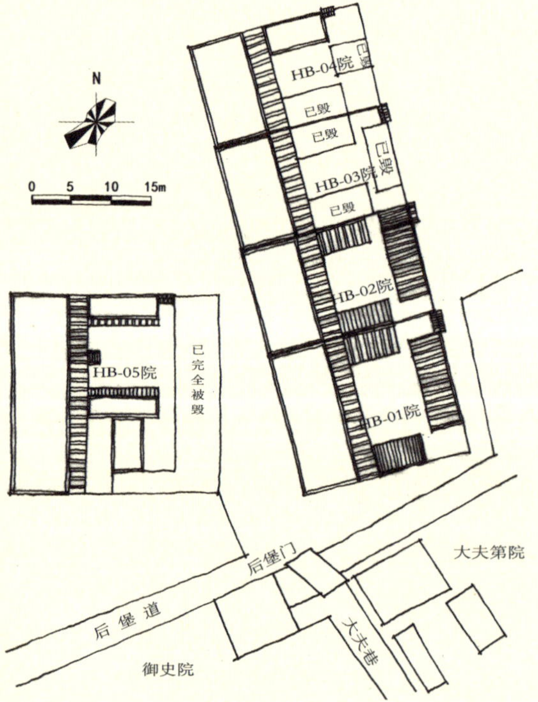

图4-67 后堡道院落群推测屋顶平面图

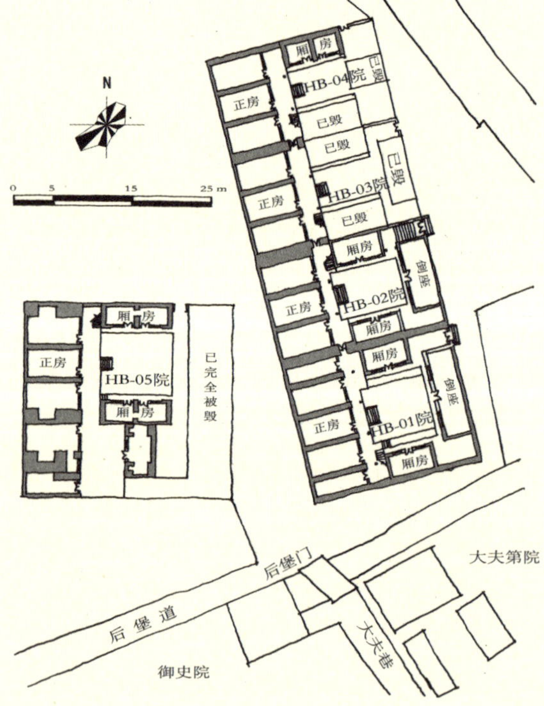

图4-68 后堡道院落群一层平面图

2）主要院落分析

（1）HB—01、HB—02、HB—03、HB—04院

HB—01、HB—02、HB—03、HB—04四个院落形制、功能空间、院落布置、交通组织及建筑立面构成基本相同，并且四座院落通过正房檐廊尽端的小门相联通。正房呈“明三暗五”的形式，面阔约15米，进深约6.8米。正房建于台基之上，台基高度约为0.9米（图4—69、图4—70）。正房一层为外檐砖拱结构建筑，二层均已被毁。一层檐廊下南端设楼梯，楼梯为双跑直楼梯，梯段宽约一米，台阶为砖砌，梯段与正房平行（图4—71）。正房运用衬窑技术，大窑洞内套有小窑洞，大窑洞一般用于居住，小窑洞用于储存东西。

图4—69 HB—02院入口

图4—70 后堡道院落群正房

图4—71 后堡道院落群正房前檐廊下楼梯

图4—72 HB—01院厢房

图4—73 HB—03院厢房

HB—01、HB—02院的厢房为一层砖木梁架结构建筑，屋顶单坡向内（图4—72）。两厢房紧靠正房建造，无台基，且对称。厢房相对正房形制较低，高度、进深都不如正房。HB—03、HB—04院的厢房为砖拱窑洞结构建筑，均为两开间一层（图4—73）。四个院落的倒座为一层砖木梁架结构建筑，屋顶单坡向内。HB—03、HB—04两个院落破坏较为严重，厢房和倒座已经几乎全部被毁坏，不过还能看出其格局形式。另外，HB—01院设独立式外照壁，HB—02院设借助厢房山墙的内照壁，两个院落在门旁设有土地龛。

（2）HB—05院

HB—05院独立存在，位于后堡道的北侧，前四个院的西部，与前四个院中间隔一条小巷道。HB—05院被毁坏或翻新重建的较多，现在保存下来的有正房和厢房。正房为两层三开间外檐砖拱窑洞建筑，面阔约15米，进深约7米，也建于台基之上，台基高度为五个台阶高（图4—74）。厢房紧贴台基而建，为二层砖窑建筑，两开间，面阔约8米，进深约3.8米。

图4—74 HB—05院正房

该院落窑洞空间丰富，出现了窑洞套窑洞再套窑洞的形式，其采用了衬窑技术，将原宽2米左右厚的侧墙[1]转换为垂直于侧墙的3段短墙，力学上更加合理；同时减少了夯土方量，是技术上的创新；创造出的空间同时很好地解决了居住、储藏、摆设等不同功能的空间需求（图4—75）。

图4—75 HB—05院正房中衬窑技术的运用

1 为抵抗拱的侧推力，位于窑洞一侧的侧墙往往很厚。

图4–76 知县院院落群区位图

5.知县院院落群

1）空间格局

知县院院落群（图4–76）位于夏门村西部的老村区域内，现保存下来较为完整的院落有三个。该院落群是夏门村第一阶段建造的居住建筑，院落形式为平地合院式，院落沿街巷两侧分布。其院落名称来历和御史院一样，但是具体是由哪位梁氏后代所建不详（图4–77）。

院落群入口是一个砖拱结构门洞（图4–78），门洞上有石匾额“毓秀”[1]。再向上是一间砖木梁架结构的房间，房间向外开窗。过了砖拱门洞，左侧是大致坐北朝南的院落，右侧是大致坐东朝西的院落。院落布局紧凑。院落均为三合院，一进，整个院落群建筑多为砖窑结构。

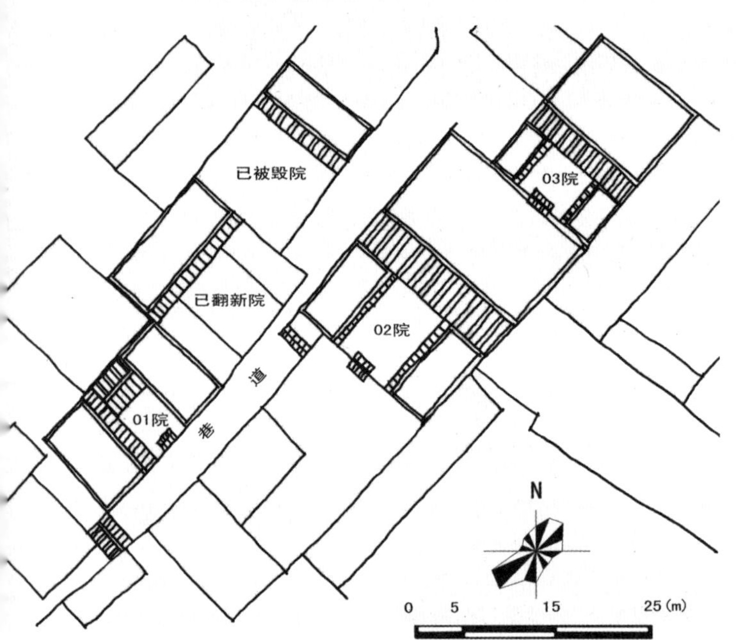

图4–77 知县院院落群推测屋顶平面图

1 毓，养育。《周礼·地官·大司徒》：“以毓草本”。秀，出众之才。匾为石刻，书于康熙三十九年春。

2）主要院落分析

（1）ZX—01院

进入知县院砖拱门洞，左侧第一个院落就是ZX—01院。该院落为三合院，坐北朝南，由门楼、正房和厢房组成。院落呈长方形，东西宽约18米，南北长约10.5米。庭院呈方形，长约4.5米（图4—79）。

图4—78 知县院院落群入口砖拱门洞

ZX—01院门楼是夏门村常见形式的门楼，门上有木匾额“旭日祥风”[1]，（图4—80）门楼内有屏门。在门楼两边设有楼梯，楼梯通往两厢房的二层。穿过西厢房的二层可以进入到正房的二层，正房二层为储藏间。ZX—01院正房（图4—81）为砖木梁

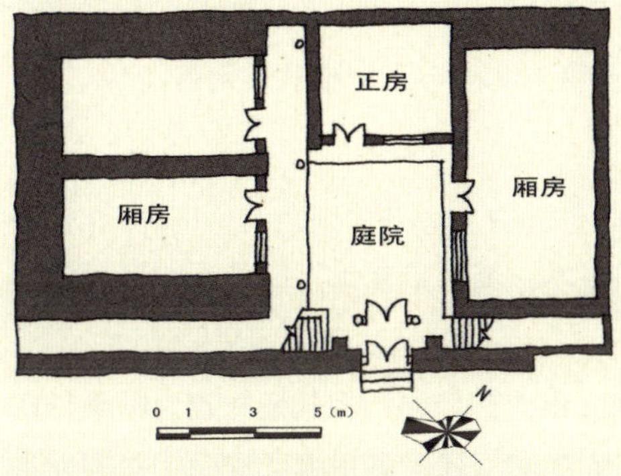

图4—79 ZX—01院一层平面图

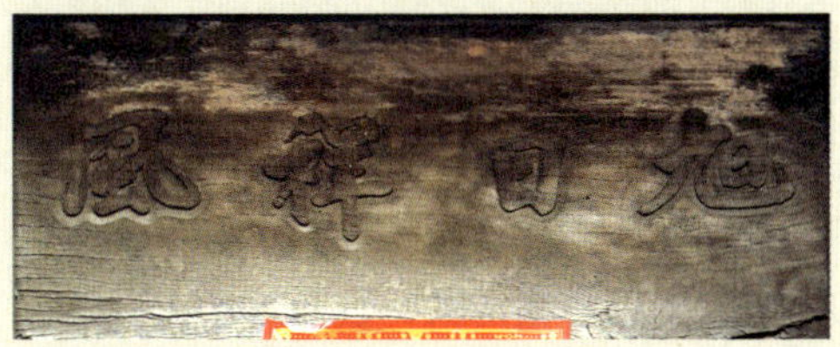

图4—80 ZX—01院门楼“旭日祥风”匾额

图4—81 ZX—01院正房

1 旭日，初升之日。《诗·邶风·匏有苦叶》：“旭日初旦”。祥风，吉祥之风。“旭日祥风”常作吉祥用语。

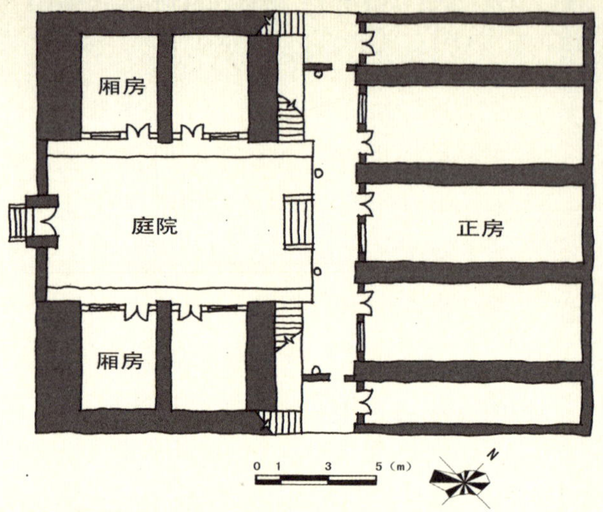

图4-82 ZX-02院一层平面图

图4-83 ZX-02院大门

架结构建筑，一开间两层，面阔约4.5米，进深约3.6米。两厢房建筑为有檐廊砖窑结构建筑，两开间，前面的檐廊现已全部被毁。西厢房面阔约9米，进深约6米，两间各开门窗。东厢房面阔约9米，进深约4米，在中间开门，南间开窗，北间与正房相对，无窗。

（2）ZX-02院

ZX-02院位于知县院内街巷右侧，坐东朝西，为三合院，由大门、二门、正房和厢房组成。院落呈长方形，东西宽约23米，南北长约17米。庭院也呈长方形，东西宽约11.5米，南北长约6.5米（图4-82）。

ZX-02院大门（图4-83）形式简单，是一个独立形式的门洞，但其装饰较为精美。门洞上半部分为半圆形，有分层的砖雕装饰，每层形式都不一样。外层形式简洁，起到外框的作用，向内为一层雕竹节的半圆形框，再向内为雕花卉的弧面，花卉单元重复排列。门洞上面有“谦受益”匾额，为石匾额。匾额内层方框为石质，内雕“谦受益”，外层方框为砖质，边框雕竹节。门楼屋脊雕刻以花卉为题材，单元重复排列，勾头滴水以兽面为题材，兽面表情多样。

ZX-02院二门（图4-84、图4-85）是夏门村常见的一种门楼形式，设有三级石台阶。门楼高度略高于墙，两边有土地龛装饰，门头有木质“容膝”匾额[1]。其正房一层，为有檐

1 室小仅可容下双膝，极言狭小。

图4-84 ZX-02院二门

图4-85 ZX-02院二门照壁

廊砖窑结构建筑，呈“明三暗五”，中间三间开间较为开敞，面宽3.2米。两边梢间相对较为狭小，面宽1.8米。檐廊前正对中间房间处设有三阶石台阶，台阶两边有抱鼓石。檐廊两端各设小门，穿过小门才可进入两边相对较小的房间。两边房间相对隐蔽，一般作为储藏间。檐廊下还设有楼梯，北端楼梯通往被厢房屋顶，南段楼梯通往南厢房屋顶。厢房为两开间，面阔约10米，进深约4米（图4-86～图4-88）。

图4-86 ZX-02院正房

图4-87 ZX-03院正房前檐廊下的楼梯和小门

图4-88 ZX-02院厢房

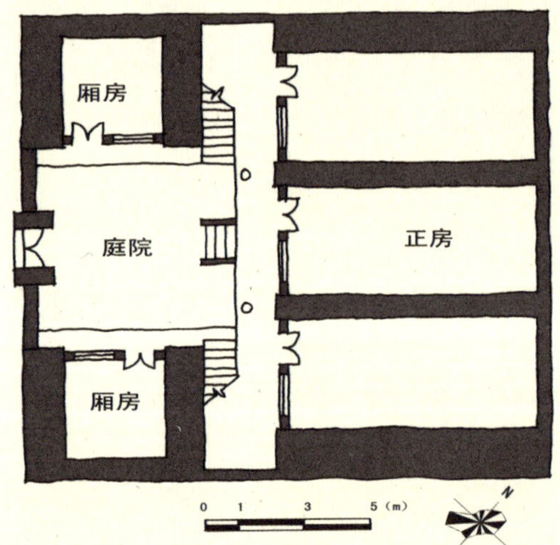

图4-89 ZX-03院一层平面图

图4-90 ZX-03院门楼

(3) ZX-03院

ZX-03院位于ZX-02院上面，ZX-02院的正房屋顶为ZX-03院前面小广场。ZX-03院也是三合院，由大门、二门、正房和厢房组成。院落呈长方形，东西宽约16米，南北长约13.5米。庭院呈方形，长约6米（图4-89）。

图4-91 ZX-03院正房

图4-92 ZX-03院厢房

ZX-03院门楼（图4-90）是夏门村常见的一种门楼形式，门楼高度略高于墙，两边有土地龛装饰，门头有木质匾额，上面的字体已经模糊不清。其正房（图4-91）为三眼窑洞，窑洞前设有檐廊。正房面阔约13.5米，进深约7.5米。檐廊前正对中间房间处设有六级石台阶，台阶两边有抱鼓石。檐廊两端各设楼梯，北端楼梯通往北厢房二层，南端楼梯通往正房的二层。厢房（图4-92）一开间，面阔约3米，进深约3米。

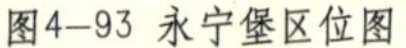
图4—93 永宁堡区位图

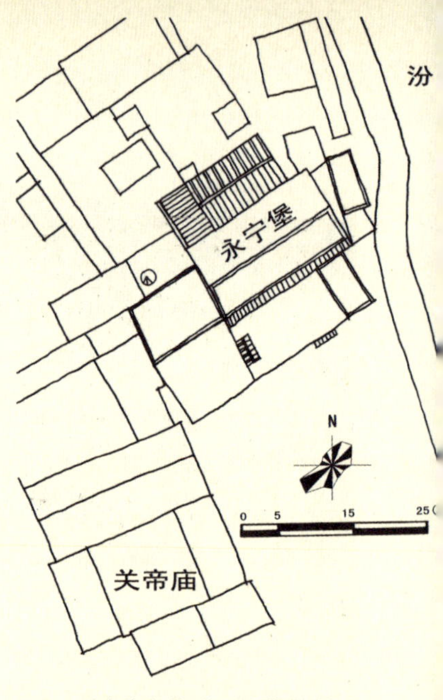

图4—94 永宁堡推测屋顶平面图

6.永宁堡

图4—95 永宁堡“永宁”匾额

永宁堡位于夏门村中东部，南有关帝庙，北接大夫第，紧邻汾河。该院落是梁氏族人清朝初期建造的，院落具有很强的防御功能，是典型的堡寨式民居。永宁堡坐北朝南，是由多重门组成的竖向为主的院落，现存院落格局清晰，核心区保存完整，建筑为多层衬窑结构。院内有直接通往其他院落的暗道，为夏门古堡的一个极为重要的出入口（图4—93、图4—94）。

永宁堡原来有堡墙和望楼，现已经全部被毁。在院落的第三重门上有“永宁”匾额[1]，为石质（图4—95）。永宁堡院落的主要特点是空间丰富，建筑内通道（图4—96）、暗窑较多，衬窑技术运用广泛（图4—97、图4—98）。

---

1 永久安宁之意，匾额字体为行楷。

图4-96 永宁堡内通往其他院落的通道

图4-97 永宁堡内通道与衬窑

图4-98 永宁堡内通道与衬窑

7.道台院

道台院（图4-99）位于夏门村中南部，原来有七道大门，占地面积一千平方米，修公路的时候基本全部拆了，现在只剩下最后一进院子的正房。道台院的名称来源有一定的渊源，据村里人介绍说：“传下来说，原来这个院子里的老人过世，下葬的时候，阴阳先生点穴。下葬那天入土的时候，恰好飞出5个鸽子，阴阳先生让拿孝衣捂住，结果捂住3个，跟老人一起下葬了。之后，这个院子里就出了三个道台，所以叫做道台院。”

图4-99 道台院区位图

道台院保存下来的正房前面檐廊下雕刻最为精美，以龙、祥云和花卉为题材。譬如，檐下雀替雕刻（图4–100）以祥云纹与龙纹结合，云纹打磨呈轻微弧面，龙驾跃于云间，颇为生动，从细节上展现了建筑的个性；檐下穿插枋头雕刻（图4–101）以龙头和花卉结合，上部为龙头，下部为花卉。龙头雕刻精细，工艺精湛，花卉硕大，与龙头协调统一，显得格外生动。

图4–100 道台院正房檐下雀替雕刻

图4–101 道台院正房檐下穿插枋头雕刻

【第五章】

夏门古村公共建筑

GONGGONG JIANZHU

一、概述

夏门村在历史变迁中，对区域的军事、商贸、文化、经济发展做出了重要贡献。特别是在明、清两代，古村商业集中、人才辈出，呈现出一片繁华兴盛之景，为公共建筑的建设提供了良好的经济基础。夏门古村原有牌坊、家庙、祠堂、寺庙等公共建筑，现存的有关帝庙、土地庙和文峰塔，另有文昌宫、祠堂遗址，其中关帝庙为县级文物保护单位。

图5–1 夏门村现存公共建筑分布区位图

二、实例

1.关帝庙

夏门村庙宇众多，保留下来的较少，其中建筑面积最大、保存最完好的当属关帝庙。关帝庙位于夏门古堡东南方位，由正殿、两座偏殿、戏台组成。关帝庙坐北朝南，西邻大夫巷，南面街道，东侧为祠堂遗址，东北角为永宁堡。关帝庙结构为砖拱窑洞与砖木梁架结构相结合，现在为县重点文物保护单位（图5–2～图5–7）。

图5–2 夏门村关帝庙区位图

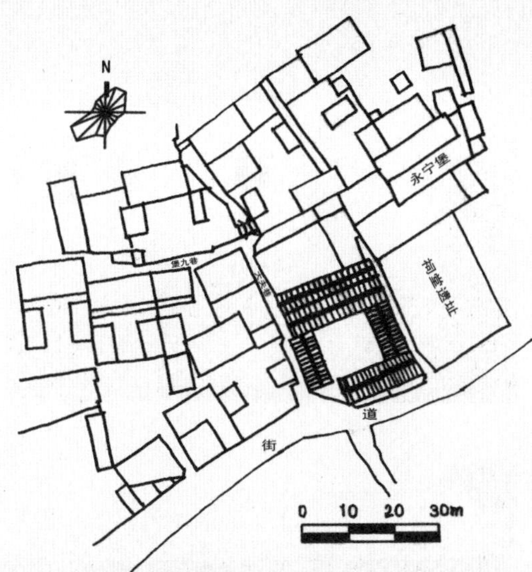

图5-3 夏门村关帝庙屋顶平面图

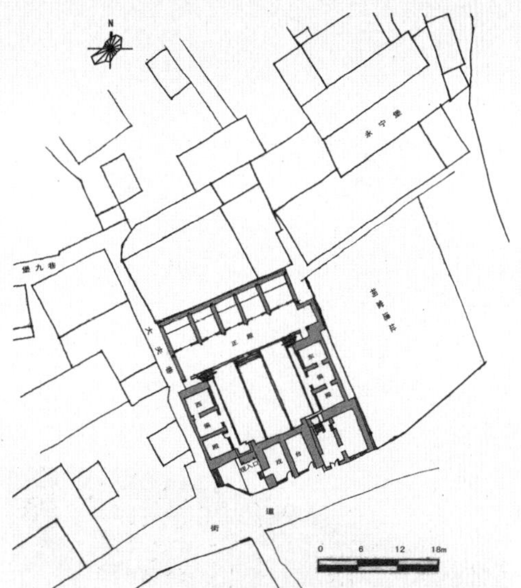

图5-4 夏门村关帝庙首层平面图

图5-5 夏门村关帝庙鸟瞰

图5-6 夏门村关帝庙示意图

图5-7 关帝庙外观

图5-8 关帝庙正殿

图5-9 关帝庙东偏殿

关帝庙用地南北长约30米，东西宽约25米，面积约7500平方米。由于关帝庙建在坡地上，因此正殿和偏殿基本在一平台上，而戏台及其两边的建筑在一个平台上，两平台高差约为1.2米。正殿（图5-8）、偏殿（图5-9）均为两层，正殿五开间，采用双梁架结构。面阔22米，进深13米。一层前面为廊，后面为5孔窑洞，每孔窑洞单独成殿。调研时村里人介绍说：“一层前面的廊是小姐、媳妇观戏之所，后面5孔窑洞中间供奉的是观音菩

图5-10 关帝庙正殿右侧的平坐

萨，菩萨左边是子孙娘娘和豆娘娘，右边是夏门村特有的香山神。另外，在一层西端开有一小门，是专供女子看戏出入用。”廊前东西两端均有楼梯，东西两端楼梯均可分别通往正殿和东西偏殿的二层。村里人介绍说：“正殿原来关公泥塑，关公左右分别是肩扛青龙偃月刀的周仓和披盔戴甲的关平，右侧一角是药神的塑像，前面的廊是身份较长的尊长看戏之所。“文革”期间塑像被毁，这里就变成了夏门村里的学校，现在两壁上是作为学校期间的黑板。”正殿右角处有一平坐（图5–10），在上面可以看到大夫巷的景象。左角处则为一狭小案板楼，据说这里大部分时间都得不到光线，只有中午十二点后的两个时辰才有些许光线射入。

图5–11 关帝庙戏台

图5–12 关帝庙戏台中间“响应山河”匾额

另外，为了扩大建筑的进深，关帝庙正殿屋顶采用了勾连搭的形式。其屋顶形式是一个为硬山屋顶，另一个为硬山卷棚屋顶，并且两种形式的屋顶大小和高低相同，这样的勾连搭屋顶叫做“一殿一卷式勾连搭”。

两偏殿三开间，面阔15米，进深6米。一层各有窑洞3孔，为奉祀神明、村中议事之所。3孔窑洞原来只有中间一孔对外开门，两边两孔内部开门与中间窑洞相连通。现在三孔窑洞都各自开门，门与窗相连，解决里面室内采光问题。二层各有房舍3楹，外有走廊。据村里人介绍说：“二层是一些身份尊贵的人看戏的场所，他们可以一边喝茶一边赏戏。”正殿对面为戏台（图5–11），分为两层。下层为房舍两间，对外开门。上层为戏台，面阔约10米，进深约8米。分前、后台，前后台以木屏风相隔，左右留有“出将”、“入相”口，中间有大木匾云“响应山河”（图5–12）。响应山河意为激越的戏剧音乐和唱腔与山河相呼应。戏台左右为钟、鼓楼，现均已被毁。左边现为关帝庙入口（图5–13），门上有匾额云“锡祉”（图5–14）。锡：赐予；祉：福。《诗·颂·周颂》：“锡兹祉福”。右边为两间偏房，供唱戏之人住宿。

关帝庙建筑形制保存基本完好，戏台和西偏殿二层有坍塌，不过其已经失去了原来庙

图5-13 关帝庙现在的入口

图5-14 关帝庙现在入口上“锡祉”匾额

图5-15 关帝庙戏台檐下中间雀替雕刻

图5-16 关帝庙戏台檐下两侧雀替雕刻

图5-17 关帝庙正殿二层檐下中间雀替雕刻

图5-18 关帝庙正殿二层檐下两侧雀替雕刻

图5-19 关帝庙正殿斗栱雕刻

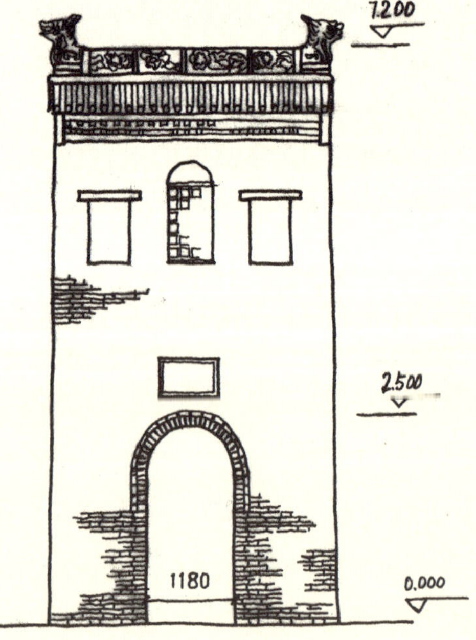

图5-20 夏门古堡头堡门复原立面图

宇和戏台功能了。村里不再在这里唱戏给河神过生日，其热闹景象也不复存在，只有西偏殿一层有人居住，其余房间都闲置着。

关帝庙正殿和戏台木雕精美，雕刻部位主要是雀替和斗栱。关帝庙檐下雀替较为特别，两个柱子之间的雀替连为一体，与额枋连接。戏台檐下中间雀替雕刻祥云纹和仙鹤图（图5–15），两边对称。与柱子交界处下面仙鹤回首，嘴与祥云相接，中间仙鹤口衔如意符，出没于祥云间，十分生动。戏台檐下两边雀替雕刻祥云纹和龙纹（图5–16），神龙游于祥云间，龙身线条简洁苍劲，形象生动。正殿二层檐中间下雀替雕刻祥云纹和龙纹（图5–17），雕刻线条粗犷，龙神态迥异，龙头硕大。檐两侧下雀替雕刻花草纹与龙纹（图5–18），神龙见首不见尾，游于花草间，雕刻线条柔美。

斗栱也是檐下装饰的一个重要部位，但没有雀替雕刻那么精美，关帝庙正殿檐下斗雕刻龙纹，形态独特，龙嘴大张，口衔一珠子，双目炯炯有神。曲线雕刻龙纹的外部用方框，显现斗栱的基本造型（图5–19）。

图5–21 夏门古堡头堡门现状图

2.堡门

夏门古村有四个堡门，分别为头堡门、二堡门、三堡门和后堡门。头堡门开在大夫巷上，南北方向，砖拱结构。头堡门可分为两层，下层除门洞外为实体。门洞宽1.2米左右，高2.5米，进深3米，门顶外镶有砖匾（0.5米×0.9米）“外翰”（康熙庚子菊月），内镶石匾（0.5米×0.36米）“安攘”，门洞顶上有砖砌垛口。上层有三个窗子，中间对称，中间窗子顶部为拱形，不可开启。两边窗子顶部为木过梁，可向内开启。头堡门上层已毁，只余下层（图5–20、图5–21）。

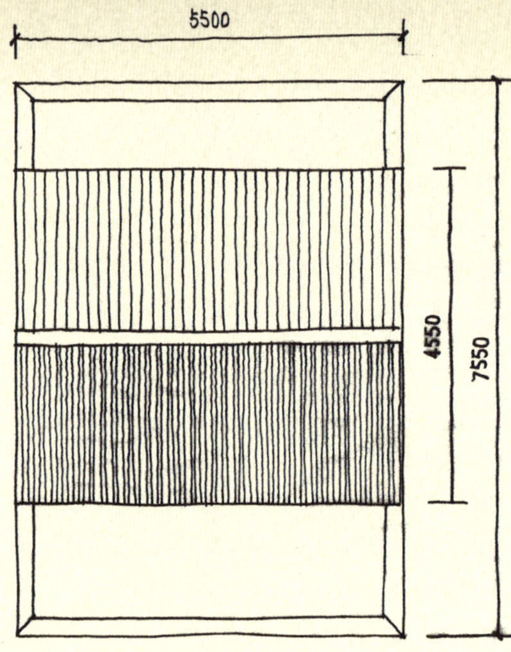

图5-22 夏门古堡二堡门复原屋顶平面图

二堡门开在头堡门北20多米处，东西方向，砖拱结构。二堡门也可分为两层，下层除门洞外为实体。门洞宽1.6米，长5.5米，高2.5米。外镶石匾（1.4米×2.3米）“爽气西来”（乾隆丙子年），门洞顶上有砖砌垛口。上层为房间，双坡硬山顶，房间前后有砖砌女儿墙。二堡门上层已毁，只剩下层（图5-22～图5-24）。

三堡门开在二堡门东30米处，南北方向，砖拱结构。门洞长3.7米，宽约1.5米，高2.5米。门洞外镶石匾“耸霄”（乾隆乙桐月），门洞顶上有砖砌垛口。上层

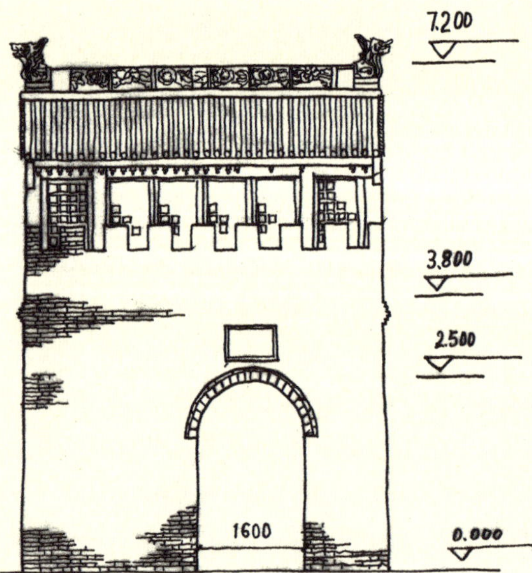

图5-23 夏门古堡二堡门复原立面图

图5-24 夏门古堡二堡门现状图

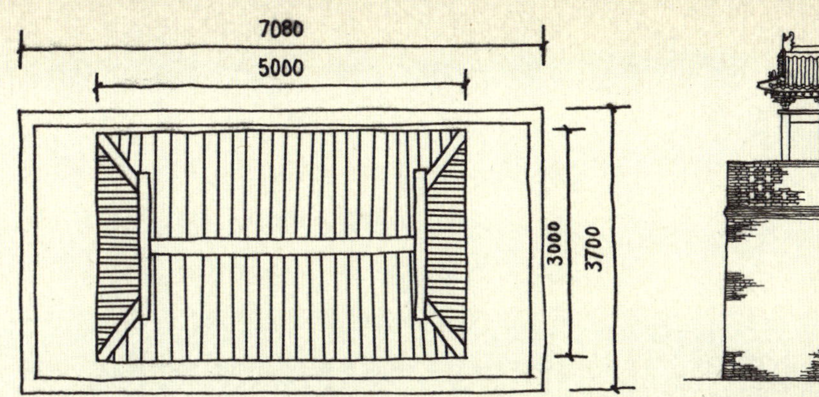

图5-25 夏门古堡三堡门复原屋顶复原图

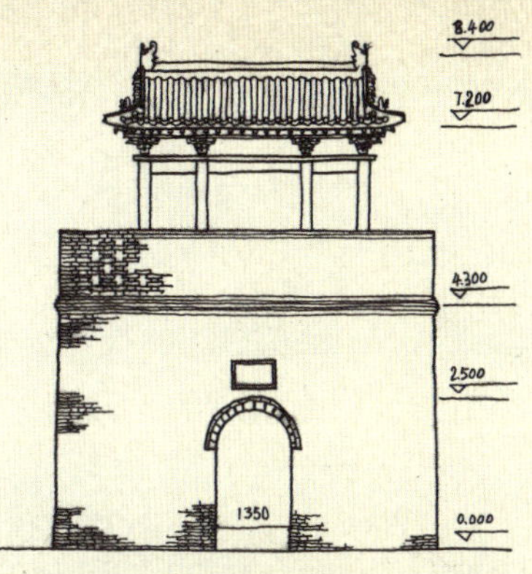

图5-26 夏门古堡三堡门复原立面图

图5-27 夏门古堡三堡门现状图

图5-28 夏门古堡三堡门匾额
（照片拍摄时间为2006年，现匾额已遗失）

周围有砖砌花墙，并建有长5米、宽3米的凉亭，顶为歇山顶。三堡门上层已毁，剩下的下层也不完整，有坍塌和毁坏（图5-25～图5-28）。

后堡门开在大夫巷北端，南北方向，砖拱结构。

3.文昌宫

文昌宫（图5-29，图5-30）坐落在古堡北面的龙头岗上，坐北朝南，随形就势，顺坡而建。整个文昌宫的建造运用分层筑台，通过简易的填、挖，使前后院落的基础成为不

图5-29 夏门村文昌宫老照片[1]

图5-30 夏门村文昌宫及百尺楼老照片

图5-31 夏门村文峰塔[2]

同标高的平台，并在平整的台地上布置建筑，各个台地之间用台阶相互连接。文昌宫的基础共有四个平台，分为四进院落，从前至后每进院落逐次升高。据村里人介绍说："由于文昌宫建在古堡后龙头岗的半山腰，地势比古堡高出许多。因此，文昌宫前面还有一百余阶台阶。"文昌宫为砖木结构，基础为石基。宫门前左右各竖立着一个铁旗杆，宫门内有两株高大的古柏挺立，古柏后面是魁星阁。魁星阁为砖木结构，分为三层，从图片中可以看出二层、三层为木结构。村里老人介绍说："一层为砖拱结构，一层与二层间为砖砌台阶，二层与三层之间为木梯，三层有魁星点斗彩塑。"魁星楼后面有两棵柏树、一棵槐树，再往后是真武殿。真武殿后为文昌阁，面阔3楹，据说内祀文昌帝君。整个文昌宫两肋均为围墙，没有厢房。文昌宫现在已经全部拆毁，只剩遗址。

4.文峰塔

文峰塔（图5-31）在古堡对面的山腰上，面对古堡而建，与惇叙祠堂和文昌宫在一条线上。塔为砖结构，分为塔身和塔顶两部分。塔身分为四层，四层的高度相当。塔身为正六棱体，四层的体量至下到上依次递减，棱体内实。塔顶为荷蕾形，整个塔看上去就像是笔锋向上的毛笔头，造型十分优美。

1 该照片由夏门村村委会提供。
2 该照片由夏门村村委会提供。

5.土地庙

土地庙（图5－32）位于御史巷口东、东街北侧。坐北向南，为一进院。正殿3楹，面阔6米，进深5.8米，双坡硬山顶，山墙很厚。正殿的墀头砖雕比较精美，右边雕“犀牛望月”，不过左边砖雕已经不存在。屋顶用筒瓦，有猫头和滴水，出檐较深。土地庙院落已经毁坏，现只剩下正殿。

图5–32 夏门村土地庙

6.祭祖堂

夏门村原有多处祠堂，现在保留下来的只有惇叙祠堂遗址和祭祖堂。祭祖堂位于村落北部（图5–33），御史院院落群中，其规格为二进院。第一进院中间过道大厅为三开间，屋顶为硬山式，是以前族人举行重要仪式和活动的地方。东西厢房均为外廊式窑洞建筑，现在整个一进院已经全部被毁（图5–34～图5–37）。

图5–33 祭祖堂区位图

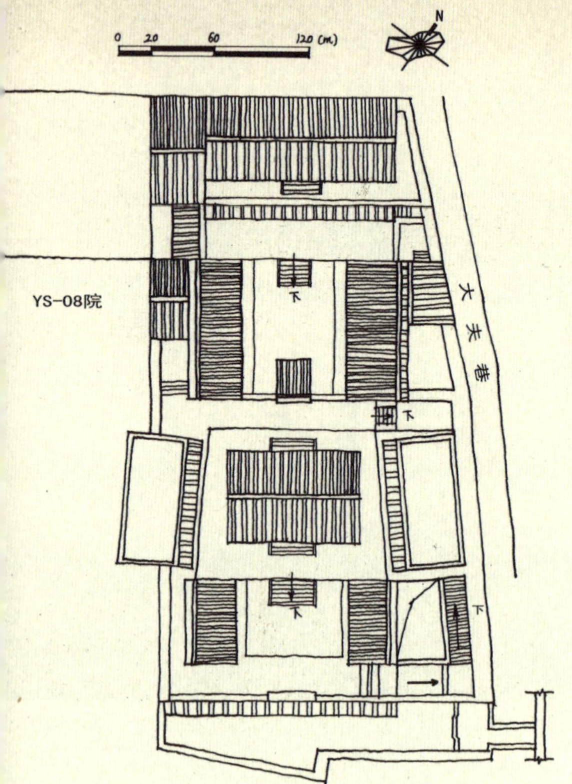

图5-34 祭祖堂推测屋顶平面图

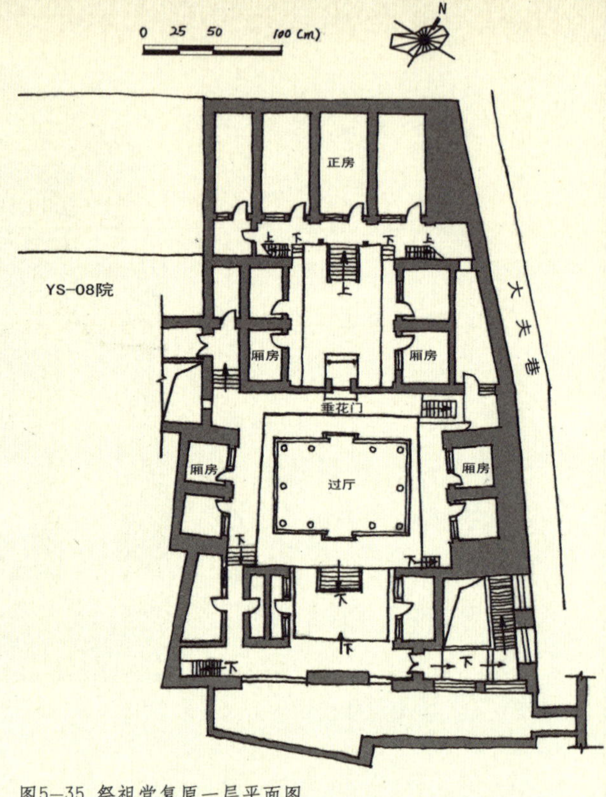

图5-35 祭祖堂复原一层平面图

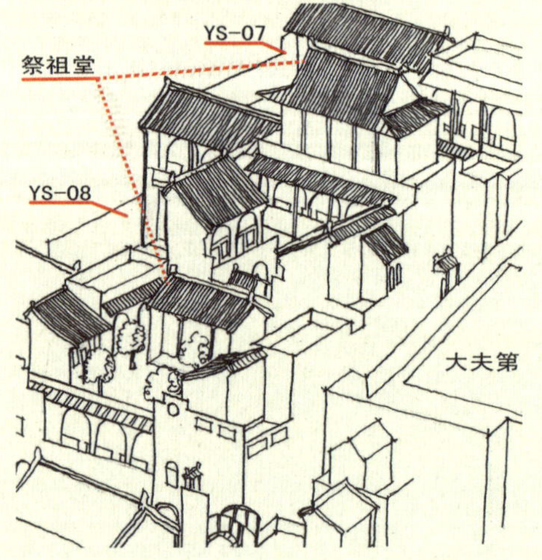

图5-36 祭祖堂推测示意图

图5-37 祭祖堂鸟瞰

图5-38 祭祖堂二进院正房

穿过垂花门进入到祭祖堂的第二进院，第二进院为主要院落。其正房为“明三暗四”的砖窑外廊式建筑（图5-38、图5-39），原有3层，现在保存下来的只有两层，另外祭祖堂二进院西侧耳房突出正房主体。正房中间窑洞设置供桌、祭器，两边两孔窑洞为祭祀人准备祭品，以及祭祀仪式准备之所。东西厢房为两开间无檐窑洞建筑（图5-40），原有两层，现保存下来的只有一层。

祭祖堂垂花门装饰精美（图5-41），用砖雕代替木雕装饰眉檐垂柱、额枋、花板、斗栱等位置。装饰呈两边对称，眉檐

图5-39 祭祖堂二进院西侧耳房

图5-40 祭祖堂二进院厢房

图5-41 祭祖堂垂花门

图5-42 祭祖堂垂花门眉檐垂柱装饰

垂柱上雕刻手持官符的官人（图5-42），以显示当时族人的社会地位。花板采用高浮雕（图5-43），中间有狮子滚绣球，两边雕喜鹊和梅花，雕刻生动活泼，十分精美。寓意吉祥，好事不断，喜上眉梢。中间斗栱雕刻菊花和葡萄（图5-44），葡萄结实累累，用来比喻丰收，象征族人事业及各方面都成功。两边斗栱雕刻梅花和鹿（图5-45），鹿的形态生动，昂首前进，栩栩如生。"鹿"被视为古代的瑞兽，有"千年为苍鹿，又五百年为白鹿，复五百年化为玄鹿"的说法。同时"鹿"与"禄"谐音，寓意"官禄"、"俸禄"及"禄位"等。

图5-43 祭祖堂垂花门花板装饰

图5-44 祭祖堂垂花门中间斗栱装饰

图5-45 祭祖堂垂花门两侧斗栱装饰

图5-46 祭祖堂东侧门装饰

夏门村其他公共建筑简介表 表5-1

名 称	简 介
河神庙	河神庙在百尺楼东北，后庄与夏门村之间，位于龙头岗东麓，坐西向东，一进院，正殿3楹，砖木结构，院中有3棵古柏，南北围墙不高。夏门村建在汾河边，祭祀河神以保平安，每年六月初六为主祭日，余以岁时节日祭之。河神庙现在已经不存在
真武庙	真武庙位于古堡西南、西街南侧、汾河畔边，坐南向北，下为瓮门，上为祀阁。瓮门为村民去汾河汲水的必经之地，也是古堡与老村排水之道。真武庙现已不存
三官庙	三官庙位于村西，坐北朝南，为一进院，正殿三间，中祀天官，东祀地官，西祀水官。现已不存
惇叙祠堂	夏门村梁氏家族之“惇叙祠堂”位于古堡西南部，御史街南端西侧。建于清朝嘉庆初年，坐北朝南，顺势而上。院子为三进院子，建筑为砖木结构，祠堂大门朝东，砖拱结构，上镶“惇叙祠堂”石匾。惇，重视；叙，次第；意为祭祀祖先，要遵循辈分次第。大门对面有条石底座砖照壁，左右跨御史巷各有石牌坊一座，门两边竖有铁头旗杆。二门以后为纵轴对称布局，二门北边建有戏台，戏台北左右为厢房，中间前有过厅，后有正厅。正厅为祭祖厅，3间3架，西壁上镶有清朝书法家铁保所书碣（310cm×4cm）一方。该祠堂系梁氏九门祠堂，九门为九世绘辰、绘玑、绘 、绘星、绘山、绘章、绘元、嵩山、景星为宗祖的九支派。该祠堂现已不存
“志矢柏舟”牌坊	矢，通“誓”；柏舟，诗中曰：柏木做的小舟，浮在河中，英俊少年郎，是我的好伴郎，跟随他一生，至死无二心……后来，用作寡妇自誓之词，表明对丈夫忠贞不二。该牌坊为石质，位于东街南侧。下为7层条石底座，高1.5米，厚1.8米，座间距2米。牌坊总高8米，阔4.5米。两根立柱支撑着石牌坊的中顶，柱高3.6米，前后有石狮抱鼓石。两根边柱支撑着两边的牌坊顶，柱高2.4米，前后也都有石狮抱鼓石。中间额枋刻楷书“志矢柏舟”，两边额枋刻楷书“史诫”、“崇礼”。该牌坊是乾隆四十一年（1776年）为梁绘辰之妻王氏而立，现已不存
“松节兰操”牌坊	节，气节；操，操守；松耐严寒，兰守孤芳，所以常用松、兰比喻有骨气，有操守的人。该牌坊为石质，位于惇叙祠堂大门北，跨御史巷。该牌坊是乾隆六十年（1795年）为九世梁彩藻之妻吴氏而立，现已不存
“阃范婺型”牌坊	阃，阃闱，即为内室，妇女所居，这里指妇女；范，楷模；婺，星宿名，主女，代指女；型，典型。阃范婺型，即为妇女中的模范和典型。该牌坊为石质，位于惇叙祠堂大门南，跨御史巷。嘉庆三年（1798年）为九世梁绘璿之妻吴氏而立，现已不存在

续表

名称	简介
“井水盟心”牌坊	井水盟心，纯洁的心灵如同清澈的井水。该牌坊为木质，位于土地庙西，跨御史巷口，临东街。乾隆四十八年（1783年）为七世梁炽之妻而立，现已不存
“祊宗耀宠”牌坊	祊，庙内设祭的地方，此处作祭祀讲；耀，扩大；宠，荣耀。祊宗耀宠，即为按时祭祀祖宗，扩大其荣耀。该牌坊为石质，位于东街南侧。为彰显祖先功德，告诫子孙铭记而立，现已不存

第六章

夏门古村装饰艺术

ZHUANGSHI YISHU

夏门村内建筑装饰精美灵巧、古朴雅致，体现着人们追求美的天性。村中建筑装饰有砖雕、木雕和石雕。其装饰题材多样，大多数来源于生活，如花卉、动物以及人物等。体现着淳朴的民风，有着浓厚的生活气息，寄托着人们对生活的美好憧憬；也有部分来源于信仰传说，如神兽、鬼神之类的，标志着当地人的文化信仰。

一、柱础

柱础又称磉盘，或柱础石，是承受柱子压力的垫基石。在木架结构的建筑中，一般每个柱子都会有柱础。夏门村柱础数量较多，都还在发挥着它们的作用。不过，夏门村柱础的形式较少，大部分为鼓形。传说鼓代表坤、地、阴，鼓形的柱础寓意以大地的厚重支撑整个建筑。

夏门村的柱础大多数没有复杂的雕刻（图6−1、图6−2），只有少数雕刻比较精美，寓意深刻。比如YS−01院正房柱础雕刻较为讲究，高浮雕狮子头和花卉（图6−3）。狮子是传统建筑的装饰主体，被广泛流传[1]。柱础上狮子口中悬金属圆环，两眼炯炯有神，好像很专注地看家护院，保卫主人平安。口衔圆环，传说又有避免水灾的作用。另外，YS−06院门楼柱础雕刻是动物与花卉的结合（图6−4），喜鹊闹枝头，预示着好的事情即将来到。

图6−1 夏门村常见类型的柱础

图6−2 夏门村常见类型的柱础

图6−3 YS−01院正房柱础

1 狮子是佛教的护法神兽，有着驱邪除煞、保卫平安的威力。狮子作为一种凶猛的动物，人们很少见到，因此在进行艺术创作时，艺术家会根据传闻和自己的想象进行创作。在民间传说中，狮子可以预卜灾难，在大的灾难将要来临之前，狮子的眼睛会变成红色，或者流血。传说中的现象虽然无从考证，但还是显示出狮子作为神兽，在人们心中的崇高地位。而且，在传说的影响下，拥有狮子雕塑的人家就成为财富和权势的象征。

根据柱础的位置和人的视线等因素，柱础可以分为看面和隐面。隐面装饰一般相对简单，看面才是艺术家创作艺术品的地方。而在四面都可见的檐柱、门厅、明间等位置的柱础则需要艺术家重点加工，这样可以强化建筑的整体效果，以达到视觉的平衡（图6-5）。

图6-4 YS-06院门楼柱础

二、门枕石

门枕石俗称门礅、门座、门台、镇门石等，是门槛内外两侧安装及稳固门扉转轴的一个功能构件，因其雕成枕头形或箱子形，所以叫门枕石。一般而言，门枕石的门内部分是承托大门的，是承托构件，门外部分是平衡构件，往往雕以鸟兽花饰。

图6-5 关帝庙正殿柱础

门枕石也是传统民居建筑的主要组成部分和建筑装饰工艺的精华之一，也是标志主人等级和身份地位的门庭装饰艺术品，与门簪、门槛、门扇、门框一起产生古朴典雅的整体装饰艺术美感，有吉祥、祈福、避邪之象征。其雕刻也较为讲究，选材考究，工艺精湛，雕刻物栩栩如生。并与建筑物相互辉映，和谐统一，起到门庭画龙点睛的作用，也给门面增添了几分庄严、优雅与个性，成为传统民居建筑中不可或缺的一部分。夏门村门枕石一般雕有花草纹、动物纹、神兽纹等一些吉祥纹，如葡萄、竹子、牡丹、鹿等，寓意深刻。夏门古村内保存较好的门枕石比较多，主要是箱形的，下面就以箱形门枕石为例进行介绍。

图6-6 YS-01院内门枕石

YS-01院内雕有鹿和葡萄的门枕石（图6-6），结合“鹿”与“葡萄”。“鹿”被

图6-7 谦受益院门楼门枕石

图6-8 夏门村某院门枕石

视为古代的瑞兽，因“鹿”与“禄”谐音，寓意“官禄”、“俸禄”及“禄位”等。因葡萄结实累累，用来比喻丰收，象征为人、事业及各方面都成功。鹿与葡萄结合表达出了主人在官场有一定的成就。在雕刻艺术方面，鹿的形态生动，昂首前进，栩栩如生，表现出工匠们精湛的雕刻技艺。另外，谦受益院门楼还出现高度较高的箱形门枕石（图6-7）。该门枕石分为上中下三部分，上部浮雕狮子耍绣球的图样，中间高浮雕神鹿图案，下部雕花卉。门两边门枕石上部雕刻狮子口叼线索，形态各异，绣球也不相同，十分生动，有“好事不断”的寓意；两边下部分别雕刻竹子和牡丹，分别寓意威武不屈、贫贱不移的气节和富贵吉祥。

此外，夏门村的很多门枕石经时间的洗礼，被完全风化，上面的图案已经看不清，甚至有的已经完全模糊了（图6-8）。

三、抱鼓石

抱鼓石因其形态为鼓形，故此得名。抱鼓石形式丰富，装饰性强，象征着一定的身份和地位。夏门古村的抱鼓石在位置上就比较特别，很少有放到门枕石的位置上的，而是放到正房前面的台阶两边。夏门村抱鼓石一般分为两部分，一部分叫鼓子，一部分叫基座（图6-9）。鼓子为圆形，中心部分一般雕图样，图案多为植物和动物图样，并且动物图案多会配以植物出现，以丰富构图。基座大体呈三角形，把鼓子抱在其内，上面多雕祥云，顶部卧石狮（图6-10）。

图6-9 正房前面台阶两边的抱鼓石

图6-10 ZX-03院正房前台阶两边的抱鼓石雕刻

图6-11 YS-06院墀头雕刻

四、墀头

墀头又称"腿子"，多出现在硬山式建筑上，是山墙外侧突出于檐柱之外的部分，在山墙与房檐瓦交接的地方，用以支撑前后出檐。一般墀头由上、中、下三部分组成，上部为戗檐板，中部称炉口，是装饰的主体，下部多似须弥座，叫炉腿。墀头的装饰简繁不一，简单的则全无雕饰，只叠合多层枭混线，复杂的基本涵盖了中国传统文化中各类吉祥图案，而且一个院落内的墀头中的图案往往取材于同一类吉祥图案或同一组人物故事，具有明显的连贯性和统一性。

夏门古村的墀头装饰多以动物、人物等为主，丰富立面造型，增加美感。其中，保存较好的为御史院内的，下面就以御史院的砖雕墀头为例进行介绍。御史院墀头雕刻，上部的戗檐板和下部的炉腿装饰较为简洁，主要表现在中部的炉口。以正多边形和其他图形为框，框内为以动物和人物为主雕刻。动物有狮子、鹿和麒麟，都是代表吉祥的瑞兽。麒麟自古就被赋予优秀的品质，是吉祥、福瑞的象征[1]。人物多为仙人图案，代表了美好的景象。雕刻题材不管是动物还是人物，形态多样、生动，栩栩如生，极具动感。图案构图饱满，层次分明（图6-11～图6-15）。

---

1 东汉许慎《说文解字》曰："麒，仁兽也，麋身、牛尾、一角。"麒麟因其品性温良，与中国古代"士"的价值观有很好的吻合，蕴含了丰富的文化特色；西凉武昭王在《麒麟颂》中有言："一角圆蹄，行中规矩，游必择地，翔而后处，不蹈陷阱、不罹罗罟。"体现了麒麟高洁独行，品行有度，其"仁兽"的形态可谓深入人心。

图6-12 YS-06院墀头雕刻

图6-13 YS-06院墀头雕刻

图6-14 YS-06院墀头雕刻

图6-15 夏门村某民居墀头砖雕

五、屋顶装饰

屋顶是中国古代建筑最具特色的部分。深远的出檐，层叠的屋架，微扬的曲线，使建筑产生强烈的艺术感染力。不仅仅如此，组成屋顶的每一个部分都足以称之为艺术品。夏门村屋顶装饰精美，下面就从脊兽、屋脊、勾头和滴水几个方面介绍夏门村屋顶装饰艺术。

脊兽是屋顶最具有特色的构件，位于正脊两端，或屋顶上的雕塑作品，分为望兽和吻兽两种。在夏门古村，民居建筑大部分是窑洞，正房和厢房有脊兽装饰的不多，在门楼上

图6–16 YS–06院门楼望兽

脊兽装饰较为常见。但是，由于人为破坏，现在保存下来的少之又少。在调研中，我们发现御史院一个门楼上的脊兽保存较为完好，其为望兽（图6–16）。身覆鳞甲，胡须从头下一直延伸到兽身，起到收边的作用。面露表情，嘴大张，毛呈火焰形。脊兽张嘴表示这家是做官的，允许开口说话，该脊兽嘴大张，也显示出了主人当时的权位。

夏门古村屋脊上的图案都是以花草为主题的，并且单元重复排列而成（图6–17，图6–18），使整个屋脊显得连贯流畅，并富有秩序感。以花草为题材、花朵为主题的吉祥图案在民居建筑装饰中较为常见，古人借用植物特征表达出吉祥的寓意，或者是自身追求的品性和节操。如牡丹代表富贵，梅兰竹菊“四君子”象征高洁的品性，荷花代表清廉、洁身自好等等（图6–19～图6–22）。

图6–17 单元重复排列的屋脊装饰

图6–18 单元重复排列的屋脊装饰

图6–19 以花草为题材的屋脊装饰

图6–20 以花草为题材的屋脊装饰

图6-21 以花草为题材的屋脊装饰

图6-22 以花草为题材的屋脊装饰

图6-23 祭祖堂门楼屋脊装饰

图6-24 土地庙屋脊装饰

图6-25 关帝庙戏台屋脊装饰

祭祖堂门楼上的屋脊有若干菊花和荷花砖相间拼接（图6-23），每块砖上都有雕着一朵大花。荷花花瓣舒展，莲蓬相连；菊花盛开，有叶草穿插相伴。土地庙屋脊图案以卷草纹[1]为主（图6-24），构图主题为波浪形的藤蔓，上下用枝叶填充，尽显阴柔之美。中间一朵用琉璃砖雕刻的牡丹，花瓣层叠繁复，极具动感。关帝庙戏台正脊图案也是菊花和荷花（图6-25），中间枝叶穿插相伴，花朵大小形态各异。但是，由于“文革”时遭到破坏，我们现在看到的是被重新修建过的，各个砖块排列无序，少了几分美感。

勾头和滴水分别是指屋面盖瓦与仰瓦的最后一块，勾头多呈扇形或者圆形，滴水多为三角形，都是为了排水之用。勾头和滴水间隔排列，形成一条波浪状向前延伸的轮廓

1 卷草纹是由随佛教传入的外来植物叶状纹样与中国传统植物纹样相结合而产生的一种程式化植物纹样，常组成连续带状作为边饰之用。

线。夏门村民居建筑多为明清时期的建筑，故勾头多为兽面形式[1]，滴水多为植物雕刻（图6–26～图6–28）。

图6–26 勾头兽面图案装饰

六、匾额

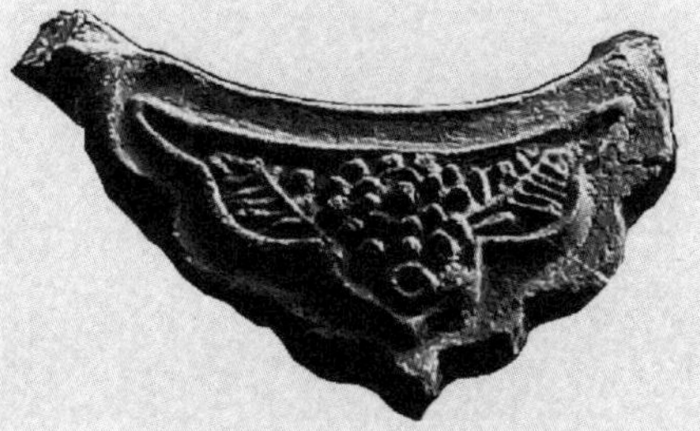
图6–27 滴水植物图案装饰

建筑是匠人们传情达意的外在表现，其外观、形态是一种表现，而匾额是思想表达最直接的部分。匾额也是民居建筑的必然组成部分，相当于民居建筑的眼睛。匾额中的“匾”字古也作“扁”字，《说文解字》中对“扁”作了解释：“扁，署也，从户册。户册者，署门户之文也。”而“额”字的解释是：悬于门屏上的牌匾。“匾”用以表达经义及感情，“额”用以表达建筑物名称性质，合称为匾额。自从有匾额以来，它就跟人们的文化生活密不开分，结合建筑、民俗、文学、书法等，深入到社会生活的各个方面，写景抒情、寓意深刻。我国匾额文化历史悠久，独具特色，上至皇家宫殿，下至平常人家，都会在门屏上悬挂匾额。不仅反映建筑物名称和性质，同时也是表达人们义理、情感之类的文学艺术形式，有时还是主人身份的象征。

从形式上分，匾额可以分为横匾和立额，从材质上划分，主要有木匾额、砖匾额和石匾额三大类。夏门村匾额颇多，很多院落都有专属的匾额，都是横匾额，从材质上看木

图6–28 务本院门楼勾头滴水装饰

1 勾头最早产生于西周，于秦汉时期最为丰富，魏晋南北朝时期随着佛教传入的莲花勾头、兽面勾头逐渐增多，进入到明清以后，勾头发展停滞下来，绝大多数为兽面勾头。

昌明洞达石匾
位于御史院西入口洞外处

介景石匾
位于东部某院入口处

毓秀石匾
位于知县院入口处

凝瑞石匾
位于HB-03院入口处

福寿亭石匾
位于后堡道院落群入口处

树德石匾
位于中部某院入口处

师俭石匾
位于西部某院入口

谦受益石匾
位于ZX-02院入口处

戬穀石匾
位于ZF-01院正房一层

秀芝石匾
位于HB-02院入口处

福履成石匾
位于YS-05院入口处

夏门春晓石匾
位于百尺楼旁

履坦石匾
位于西部某院入口处

庆余石匾
位于YS-02院入口处

养余木匾
位于ZF-01正房二层

居安木匾
位于西部某院东厢房

惠迪吉木匾
位于北部某院入口处

无逸木匾
位于ZF-01正房二层

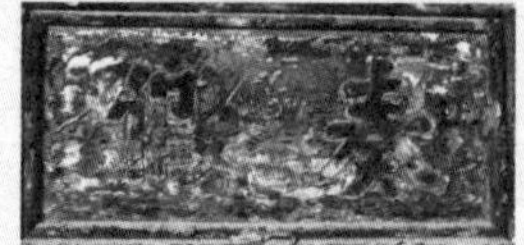
奏假木匾
位于关帝庙戏台

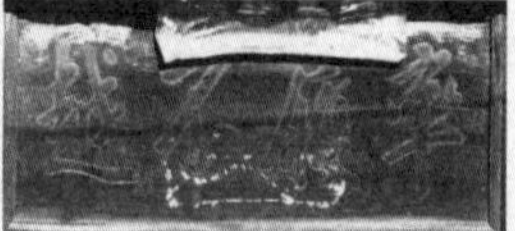
率履不越木匾
位于祭祖入口处

慎修思永木匾
位于中部某院入口处

图6-29 匾额汇总图

质、砖和石质的都有，三类的数量分布也较为均衡。我们调研时发现很多匾额已经受到不同程度的破坏，但是有些保存还是比较好的。这里将保存较为完整的匾额列举出来，并对部分进行简单解释，但在前面已经提及的就不再赘述。

百尺楼北峭壁之下的“夏门春晓”石匾，是灵石八景匾，描绘夏门村百尺楼一带桃花夹岸，柳垂青丝，风和日丽的春色；在西部一些院院门上有“履坦”、“师俭”等匾额。“履”，行走；“坦”，坦途；走在坦途上，寓意前途光明；“师”，学习；“俭”，俭朴。古人崇尚俭朴，故教人以俭为师；在夏门村，有很多院院门都有“惠迪吉”匾额。“惠”，顺；“迪”，道。意为顺着道做就吉利，反之则凶险。语出《尚书·大禹谟》：“惠迪吉，从逆凶，惟影响”。

另有“毓秀”、“谦受益”、“介景”、“树德”等匾额。“毓”，养育。《周礼·地官·大司徒》：“以毓草木”。“秀”，出众之才；谦受益，满招损。谦虚使人受益，自满必定受损；介景，即“介尔景福”。语出《诗·大雅·大田》。“介”，求；“景”，大。意为祈求赐予大福；树德：“树”，培养；“德”，品德。种德如种树，故名树德。

七、门窗

夏门古村民居建筑多为窑洞建筑，门窗对其来说不只是起到出入、通风采光的作用，同时也是窑洞建筑的脸面，起到很重要的装饰功能。夏门古村民居建筑的门面是以砖为基础的，门窗装饰也只能用在洞口处，而不像纯木结构建筑立面那样有连续的木门窗。

夏门古村民居建筑非常重视门窗的装饰性，不过其装饰的简繁程度不同，这主要体现在门窗扇的饰纹上，有简单、单一的木框，也有复杂多样的饰纹（图6–30、图6–31）。在夏门古村，门

图6–30 装饰简单的门窗

图6–31 装饰纹多样的门窗

窗的组合一般有两种形式，一种是门开在中间的形式（图6–32），一种是门开在一侧的形式（图6–33），并且后者应用得较多。

图6–32 窑洞门窗（门在中央）

夏门古村窑洞洞口外形轮廓呈抛物线或者半椭圆形，上窄下宽，因此不能只使用方正的门窗，而是通过几部分的组合构成一个整体（图6–33、图6–34）。洞口下部较方正，一般由一扇门和一扇较大的方窗组成。上部呈弧形，有中间较小的方窗和两边的扇形窗组成。门的门扇外一般挂一门帘，冬天可以起到一定的保温作用。窗口常用纸糊底，以达到遮风的效果。一般，下部的方窗和上部的扇形窗不能打开，只有上部中间的方窗有开启的窗扇，用以通风和控制室内光线的强弱。

门扇与窗扇相比较，门扇的装饰比较简单，窗扇的装饰比较精美（图6–35～图6–37）。一个洞口的窗花饰纹并不是统一的，而是由几种图案进行组合的，每种图案也不是很复杂的雕刻，而是用简单的元素进行排列组合。看上去变化多样，但是整体上却不失韵律感。洞口上部中间方窗的花纹一般为锦式，如“步步锦”等。两边扇形的窗左右对称，花纹一致，有方格锦、龟背锦等。洞口下部的方窗装饰也较为简单，花纹通常也是锦

图6–35 洞口上部两边弧形窗扇饰纹大样图　图6–36 洞口上部中间方形窗扇饰纹大样图

YS-04院正房门窗

HB-01院正房门窗

ZF-03院正房门窗

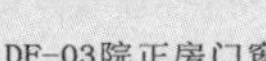

DF-03院正房门窗

夏门中部某院正房门窗

祭祖堂正房门窗

ZX-03院正房门窗

HB-02院正房门窗

ZF-01院正房门窗

图6-33 窑洞门窗（门在一侧）

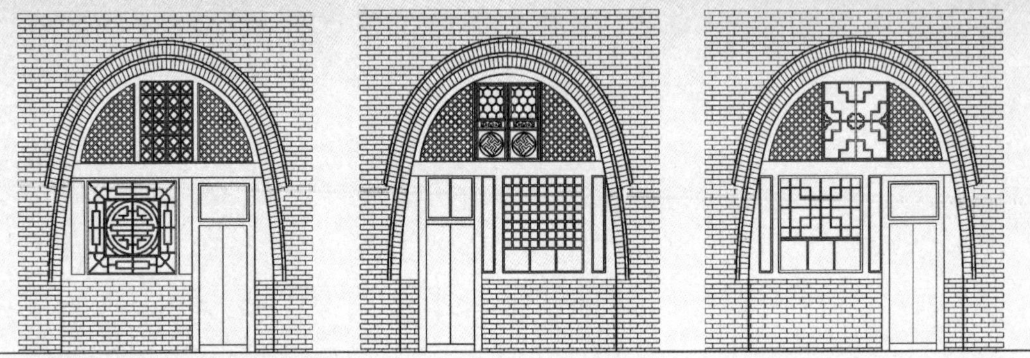

ZF-01院正房门窗立面　　ZX-03院正房门窗立面　　YS-01院正房门窗立面

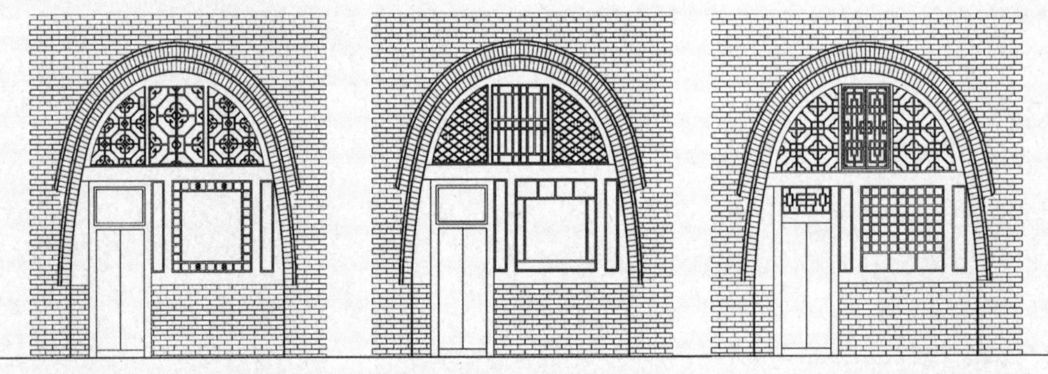

DF-03院正房门窗立面　　祭祖堂正房门窗立面　　ZF-03院正房门窗立面

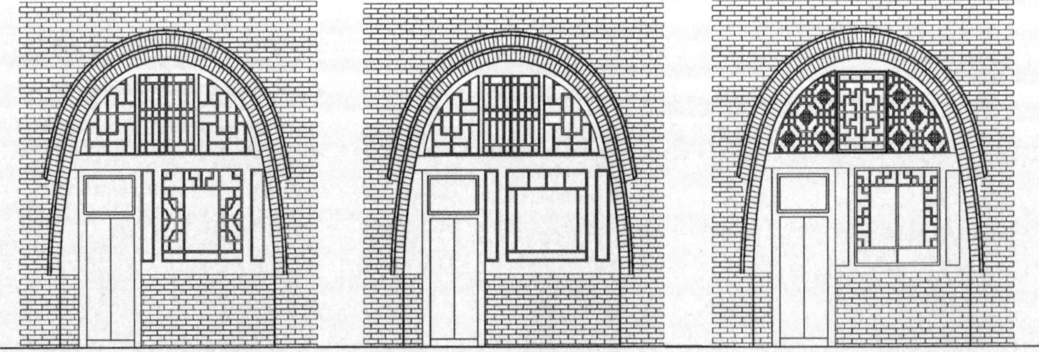

HB-01院正房门窗立面　　HB-02院正房门窗立面　　YS-04院正房门窗立面

图6-34 不同组合的门窗立面图

式。窗的花饰纹不同，其寓意也不同。例如，“步步锦”花饰纹，有“步步高升”的寓意；“龟背纹”花饰纹，有“健康长寿”的寓意；“方胜”花饰纹，有“家庭美满、夫妻和睦”、“心心相印、永结同心”的寓意。

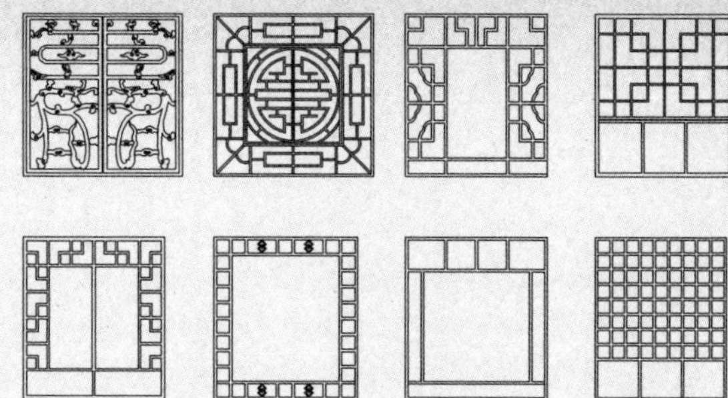

图6-37 洞口下部方形窗扇饰纹大样图

八、铺首

传统民居中，门是整个民居脸面，为建筑的主要出口，象征着主人的身份，大门因为其位置重要，成为民居外部装饰的重点。各式各样的铺首便是整个门饰艺术的重要代表。夏门村中的铺首样式简洁大方，为熟铁打制，大多数为圆形、长方形，边缘打制出花卉、草木、卷云形花边图案，既美观大方，又结实耐用（图6-38、图6-39）。

图6-38 花瓶状铺首

图6-39 方形铺首

附　录

附录1 历史建筑测绘图选录[1]

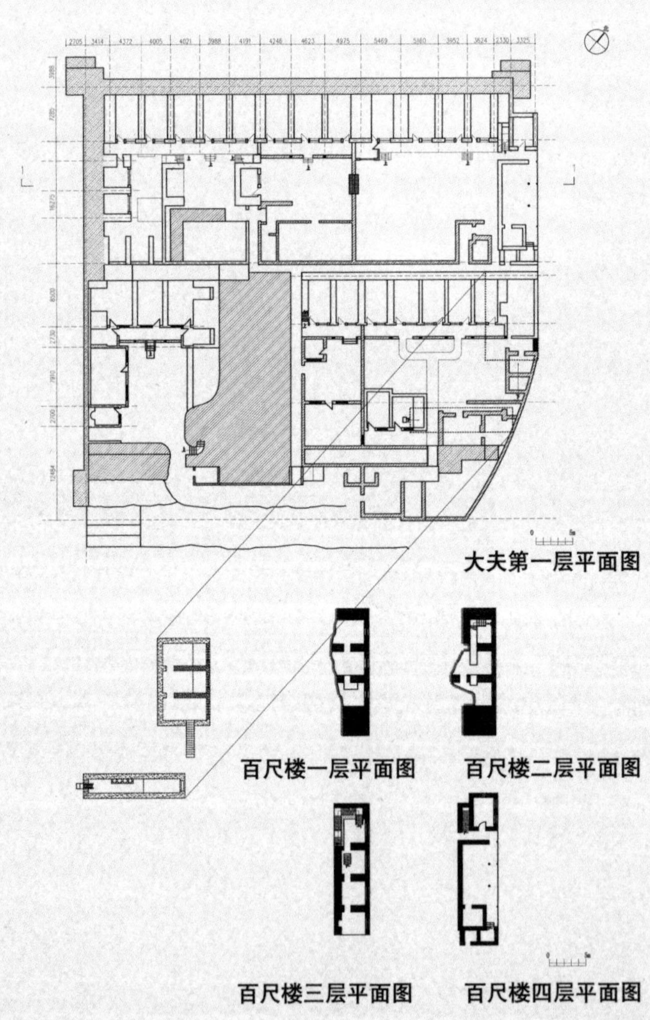

大夫第一层平面图

百尺楼一层平面图　　百尺楼二层平面图

百尺楼三层平面图　　百尺楼四层平面图

1 测绘图中146～162页引自《山西古村镇历史建筑测绘图集》，163～166页为笔者补充绘制。

0 5m

大夫第－百尺楼剖面图

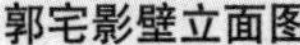

郭宅影壁立面图

郭宅影壁剖面图

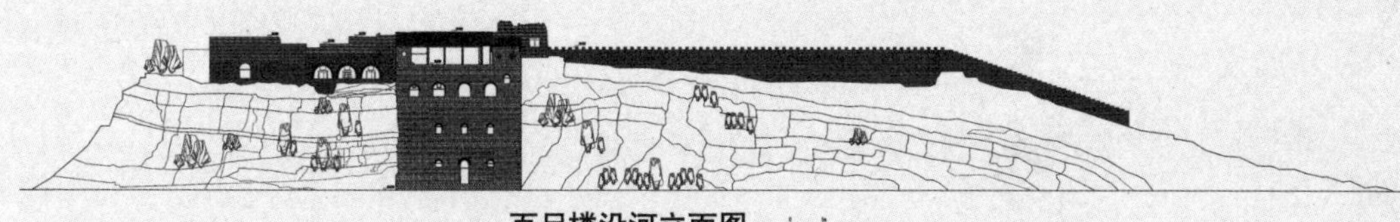

百尺楼沿河立面图

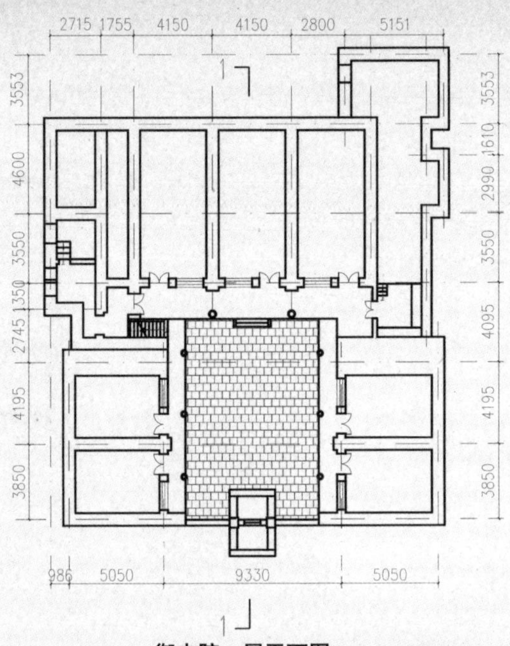

御史院一层平面图

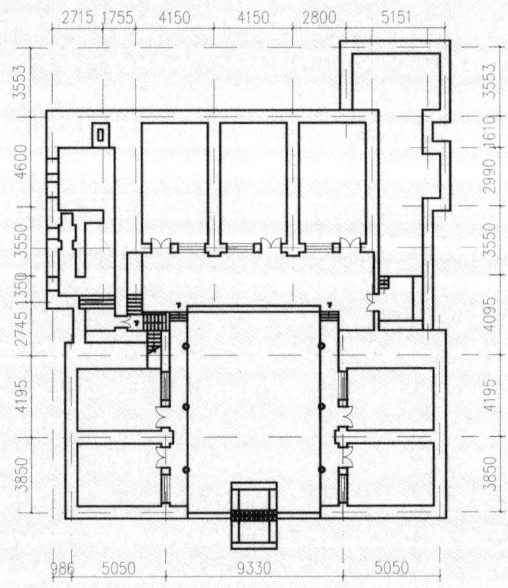

御史院二层平面图

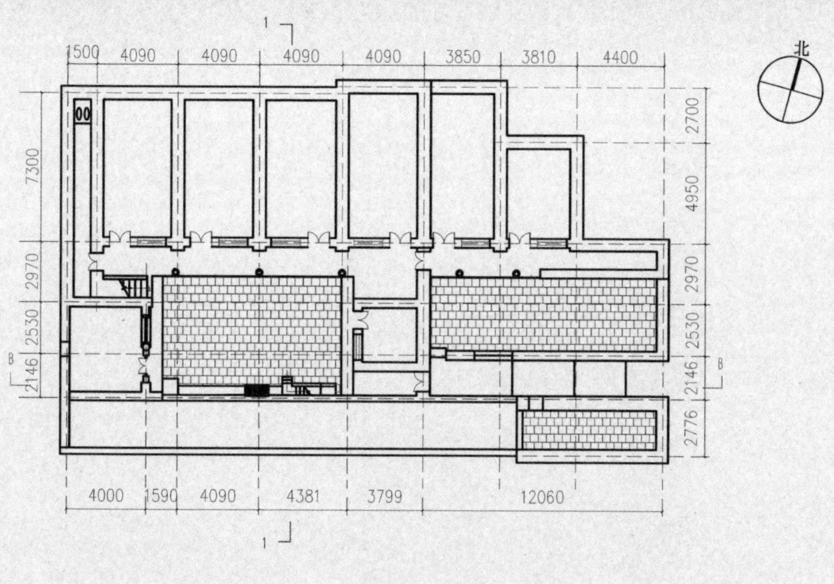

御史院附院一层平面图

0 5m

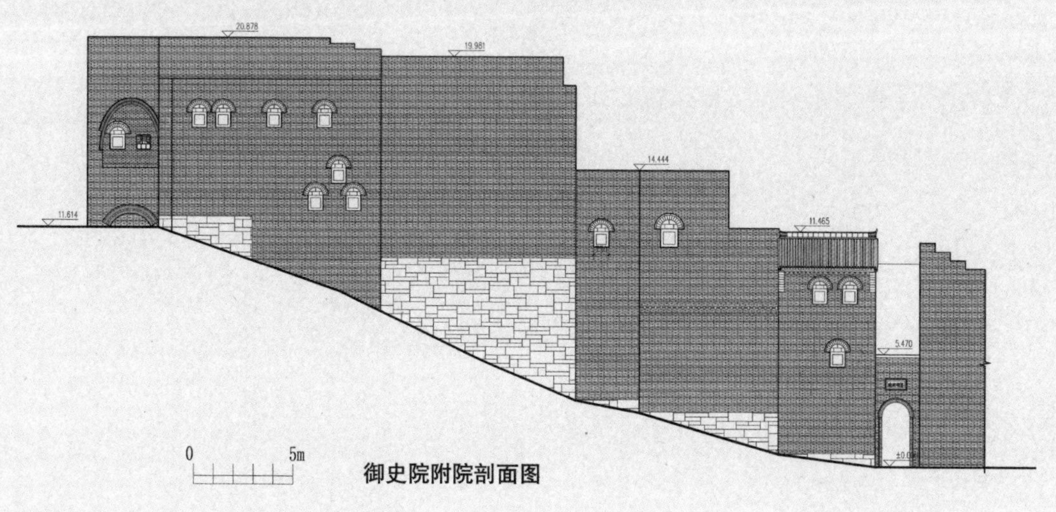

0 5m

御史院附院剖面图

附录

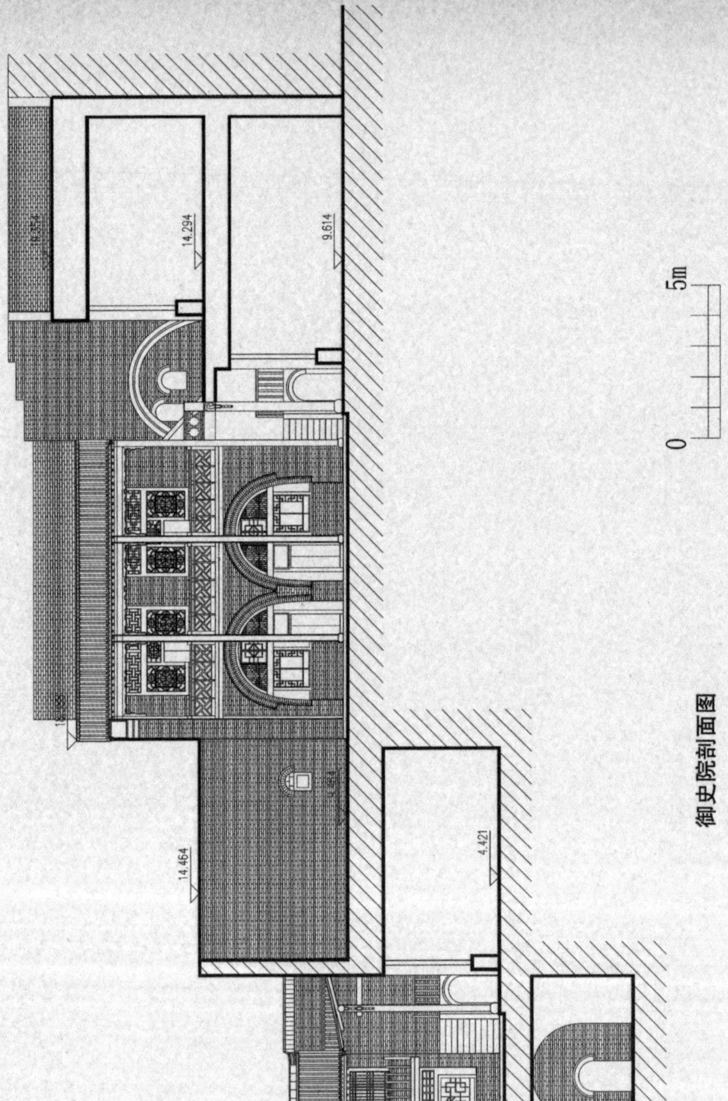

御史院剖面图

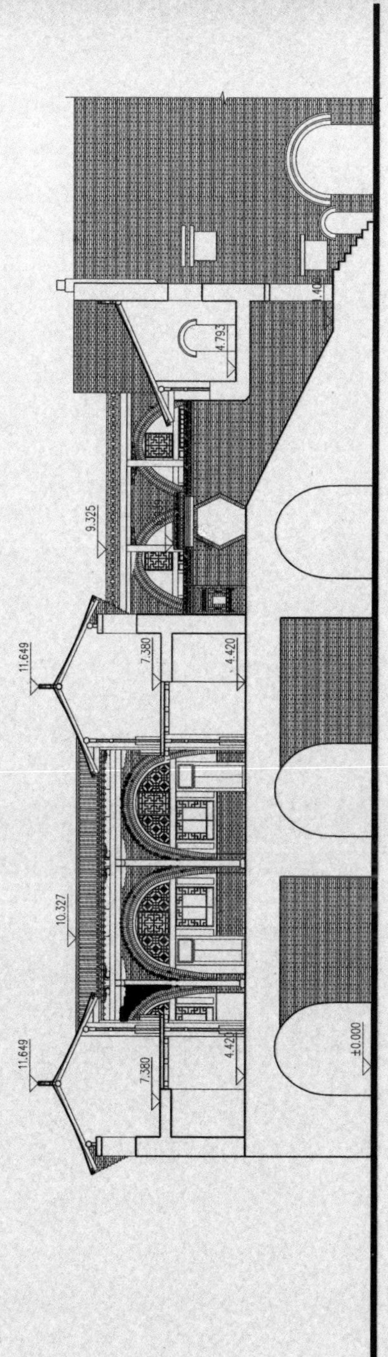

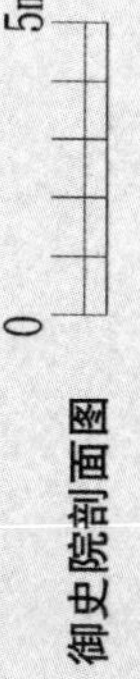

御史院剖面图

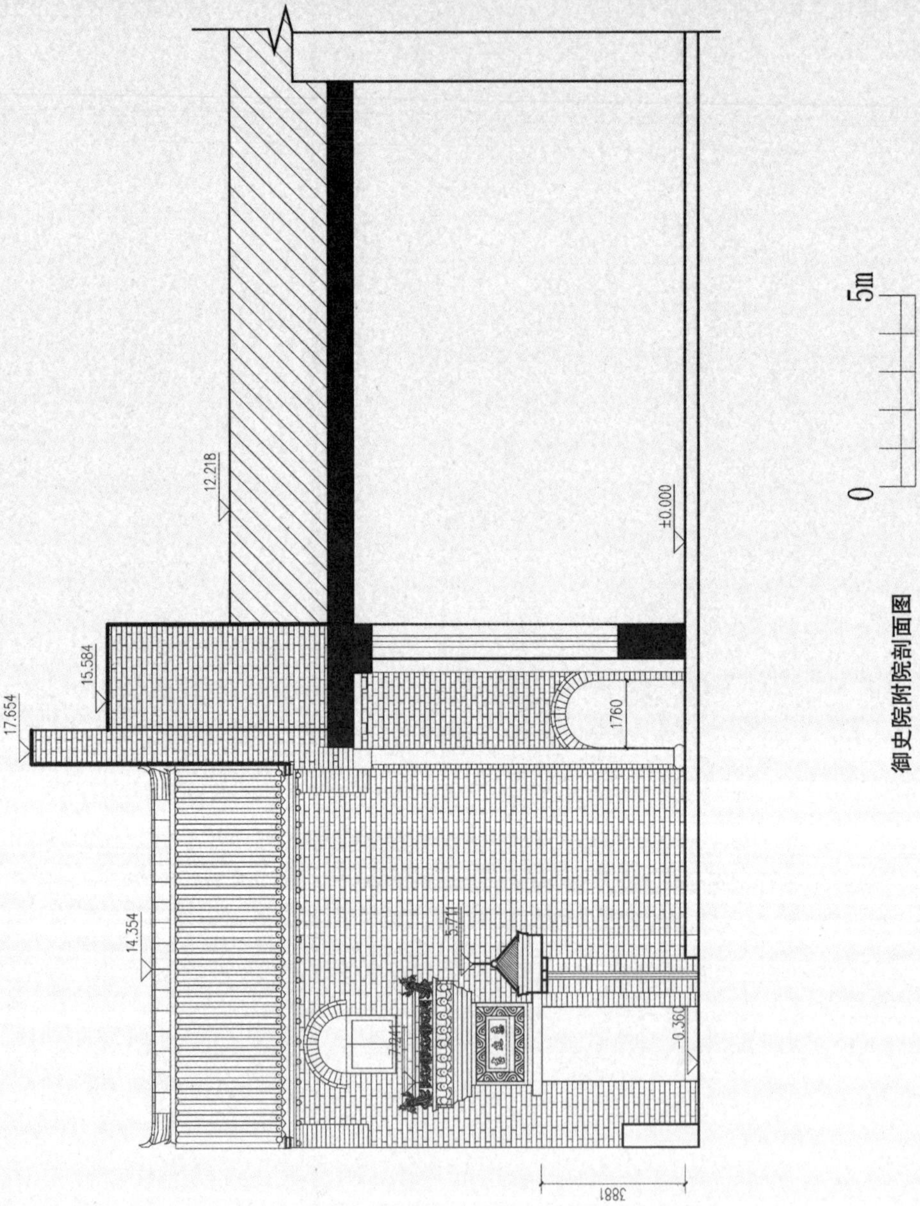

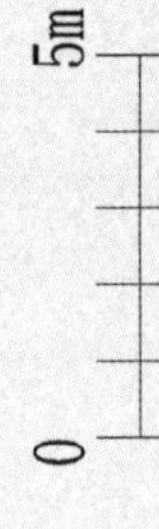

御史院附院剖面图

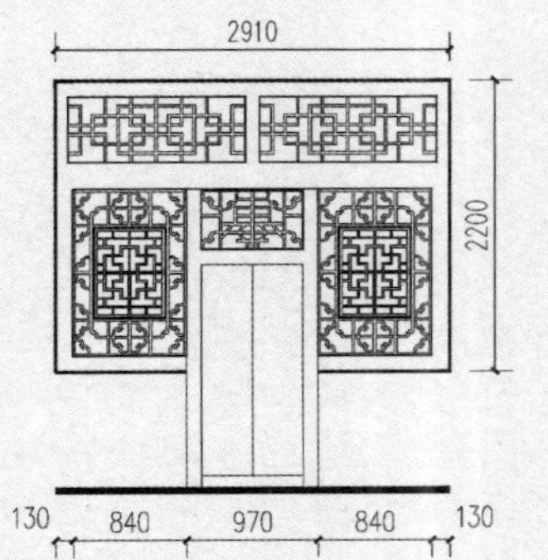

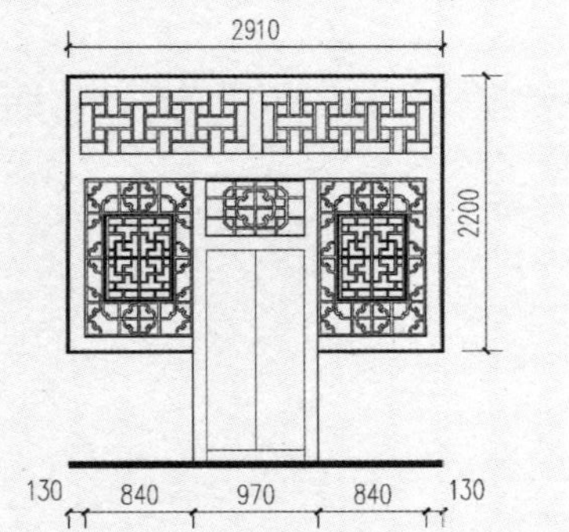

御史院二层厢房门窗详图

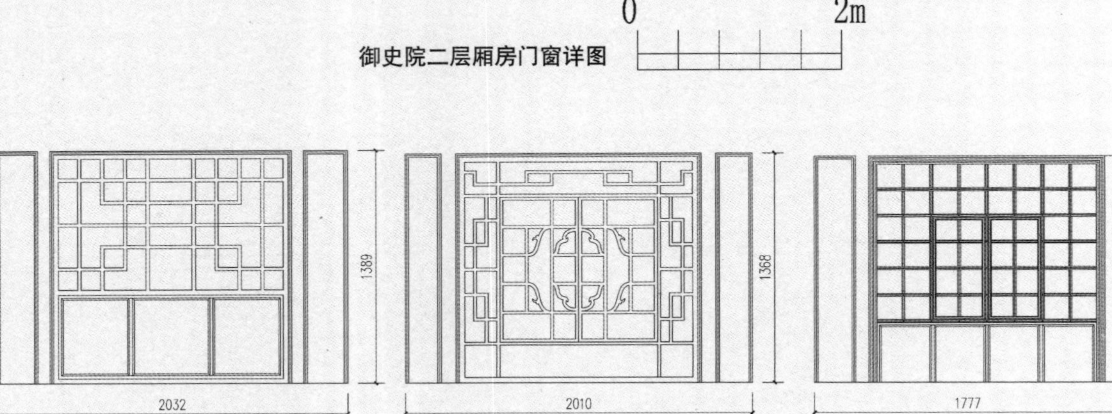

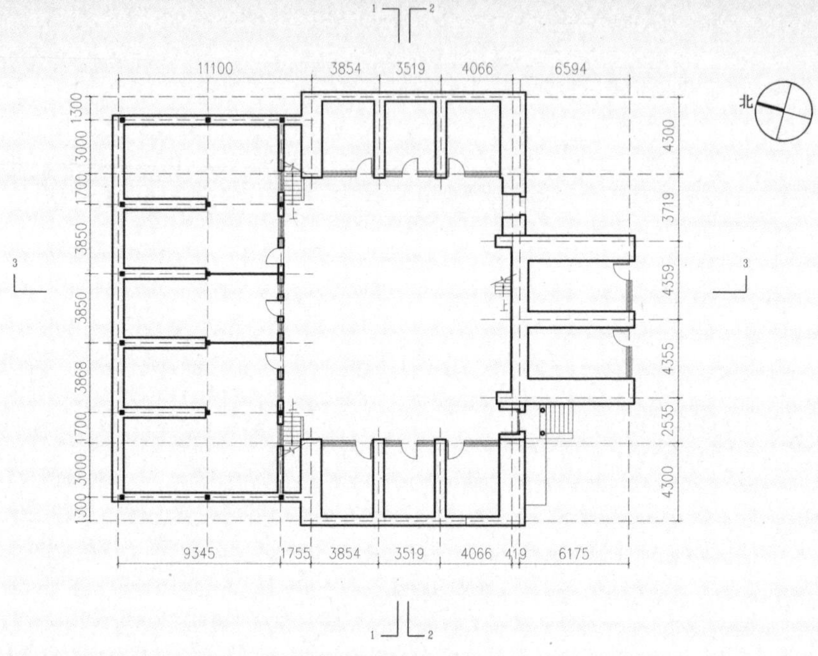

关帝庙一层平面图

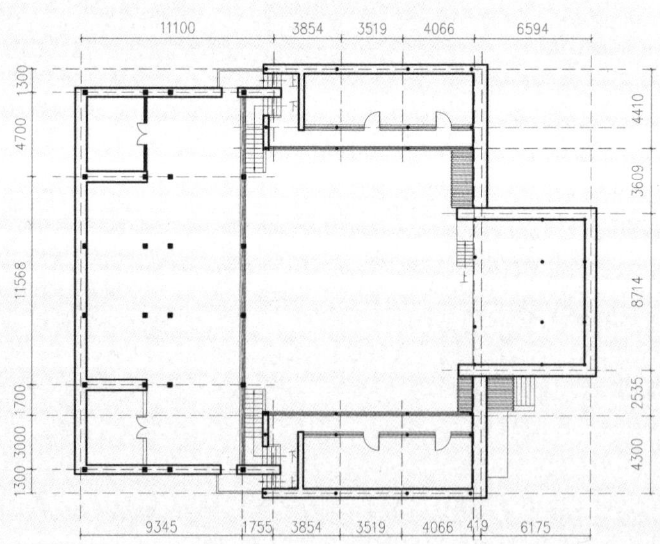

关帝庙二层平面图

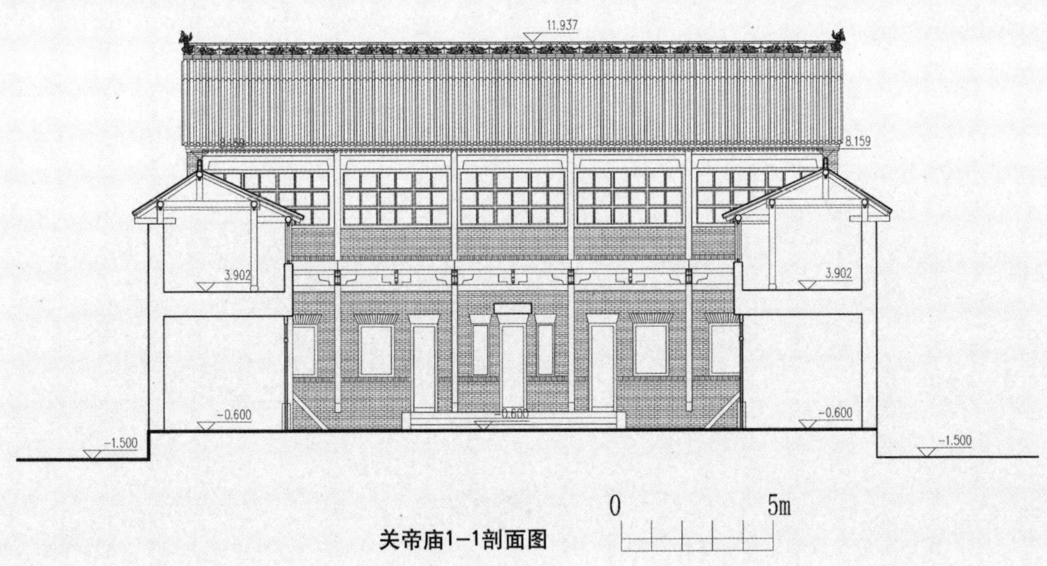

关帝庙1-1剖面图

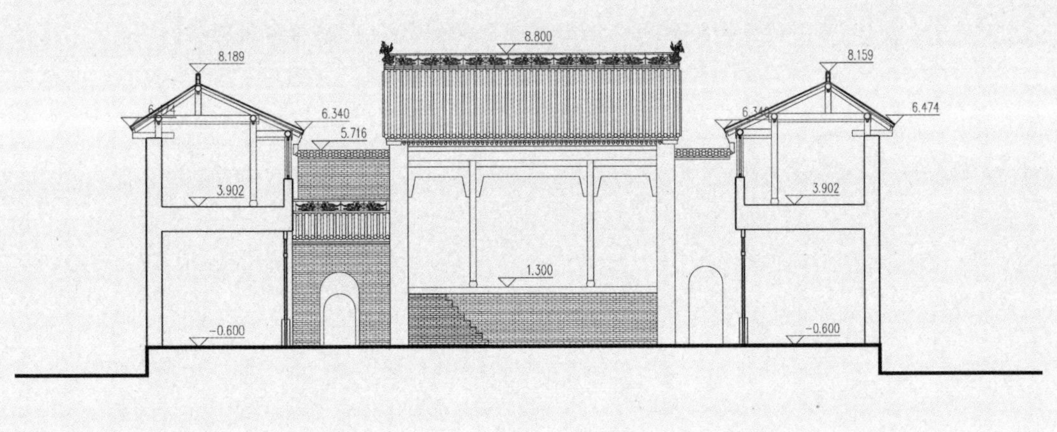

关帝庙2-2剖面图

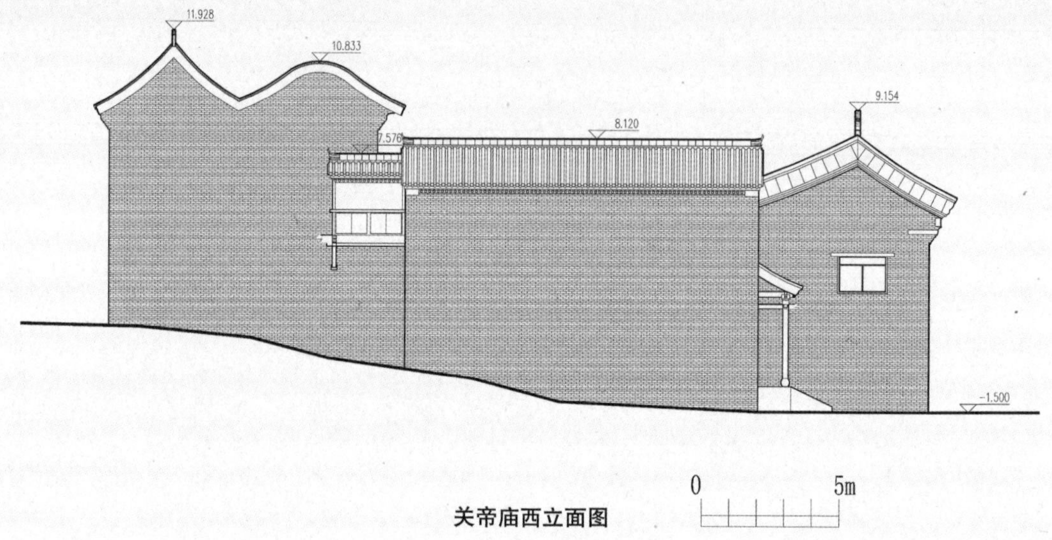

关帝庙西立面图

0 5m

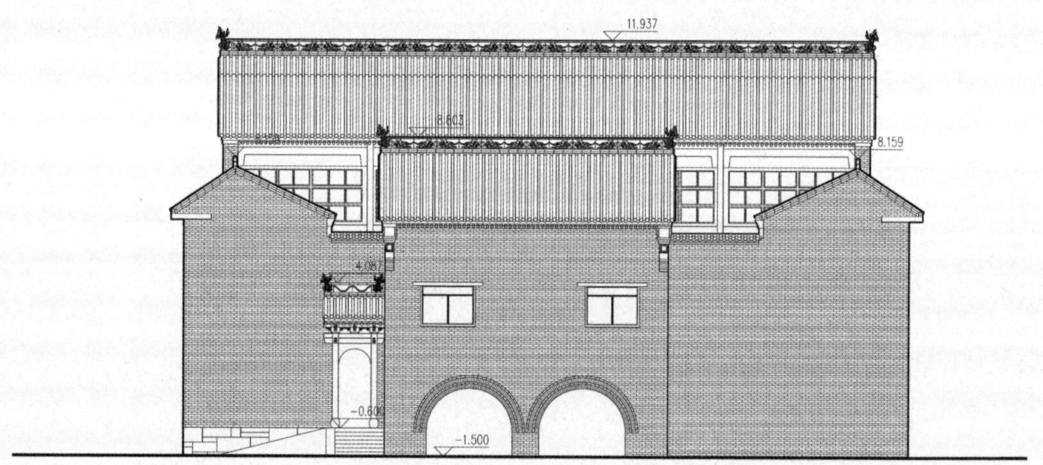

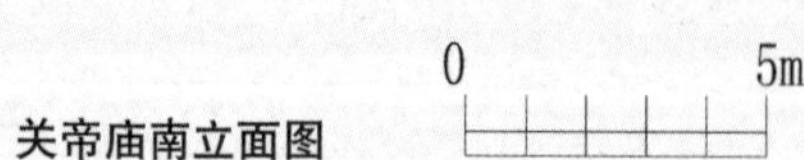

关帝庙南立面图

祭祖堂一层平面图

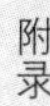

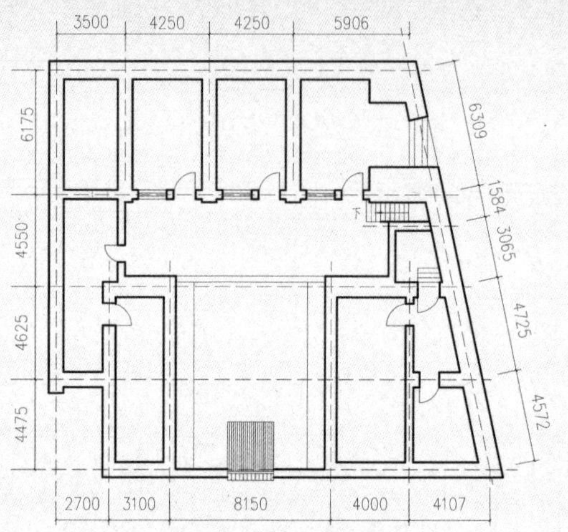

祭祖堂二层平面图

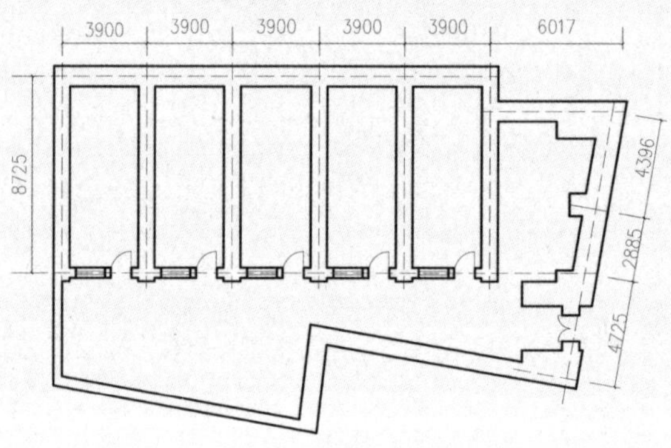

深秀宅平面图

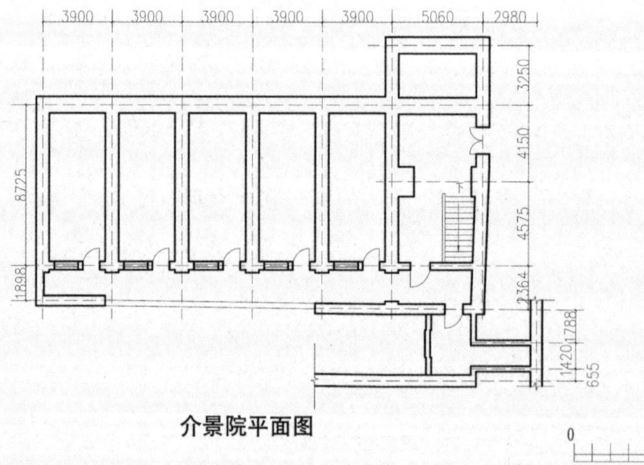

介景院平面图

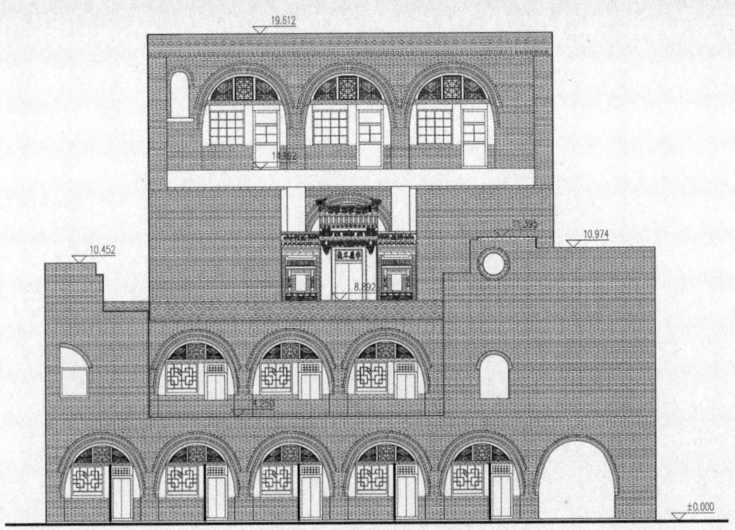

祭祖堂南立面图

祭祖堂门头大样图

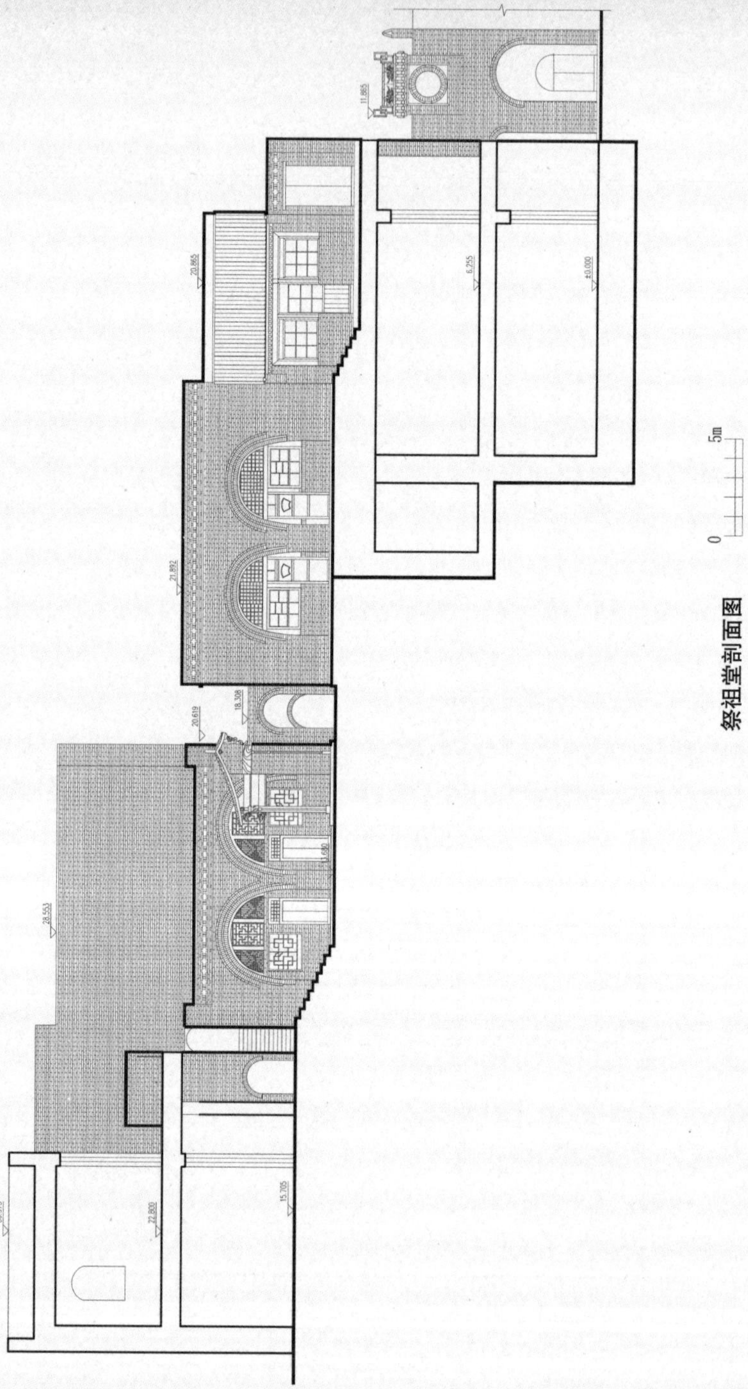

祭祖堂剖面图

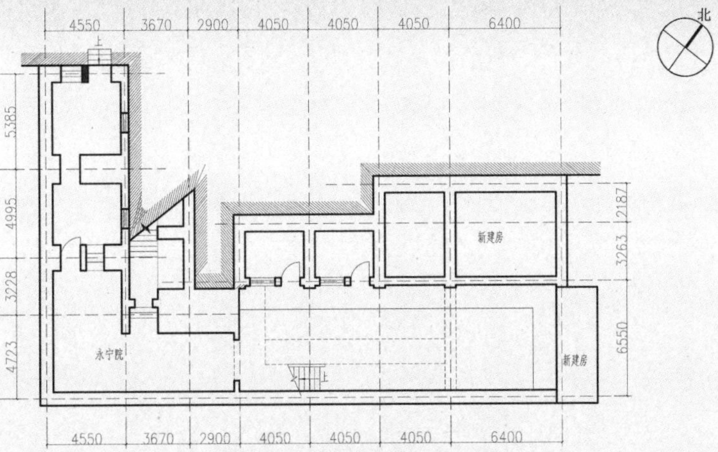

永宁堡一层平面图

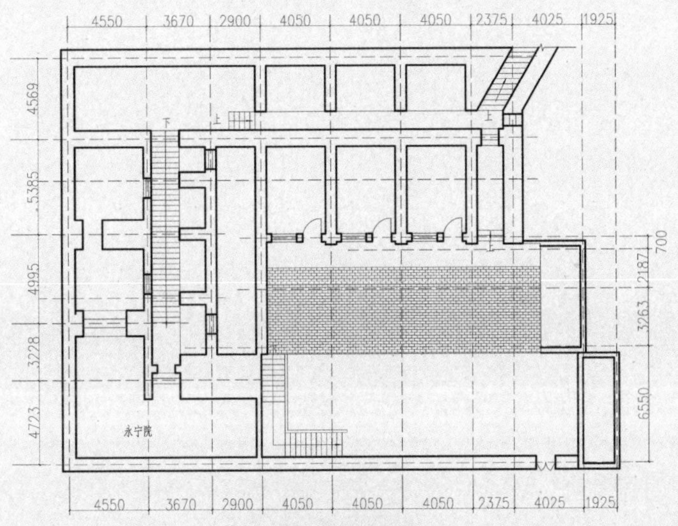

永宁堡二层平面图

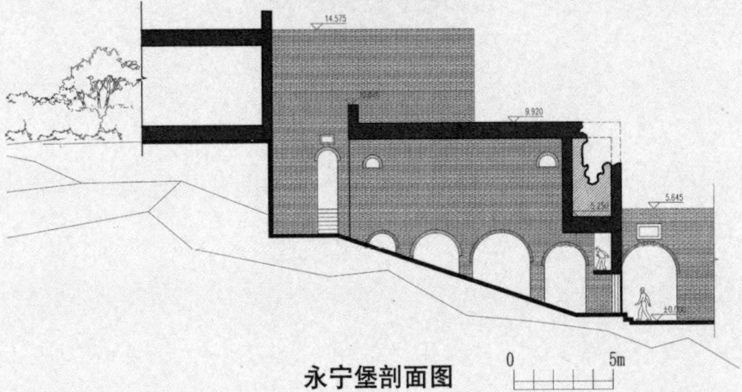

永宁堡剖面图

附录

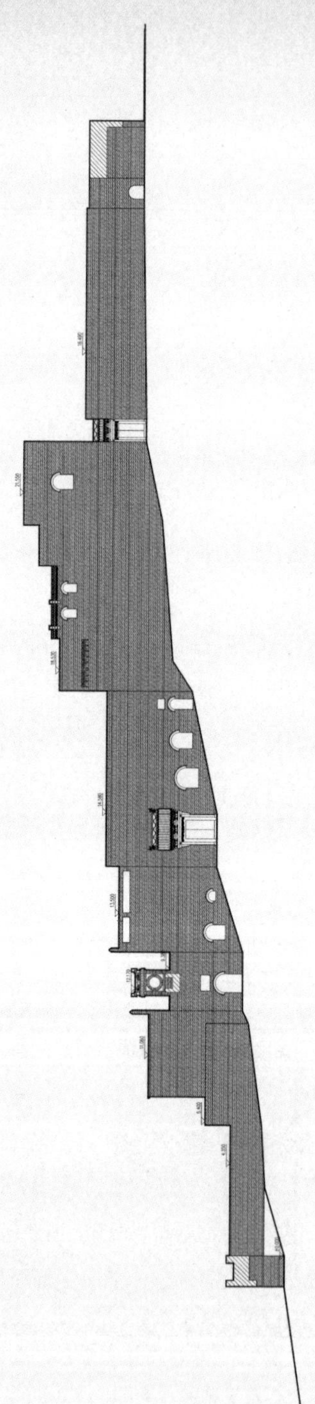

大夫巷沿街立面图

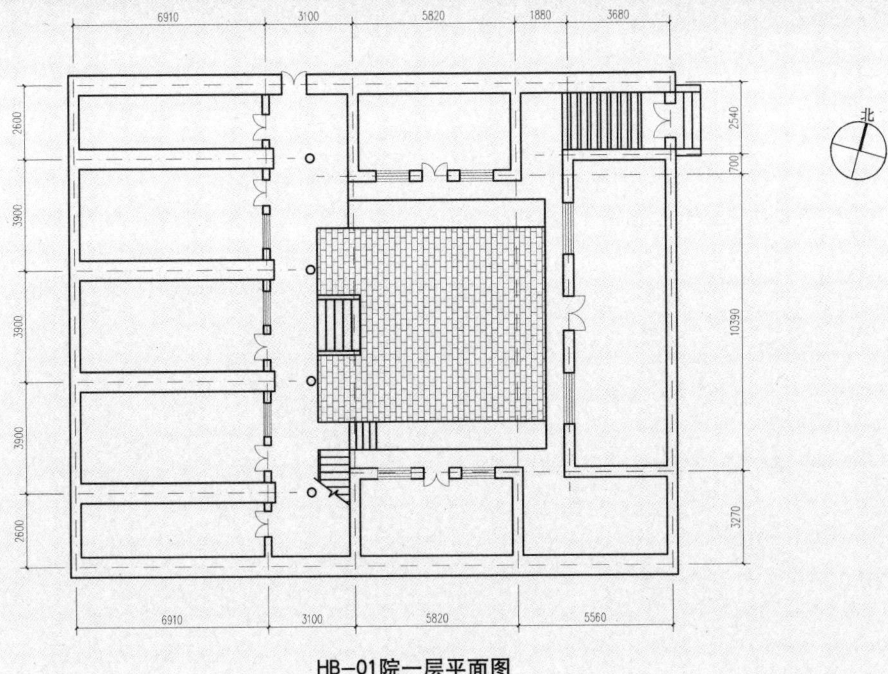

HB-01院一层平面图

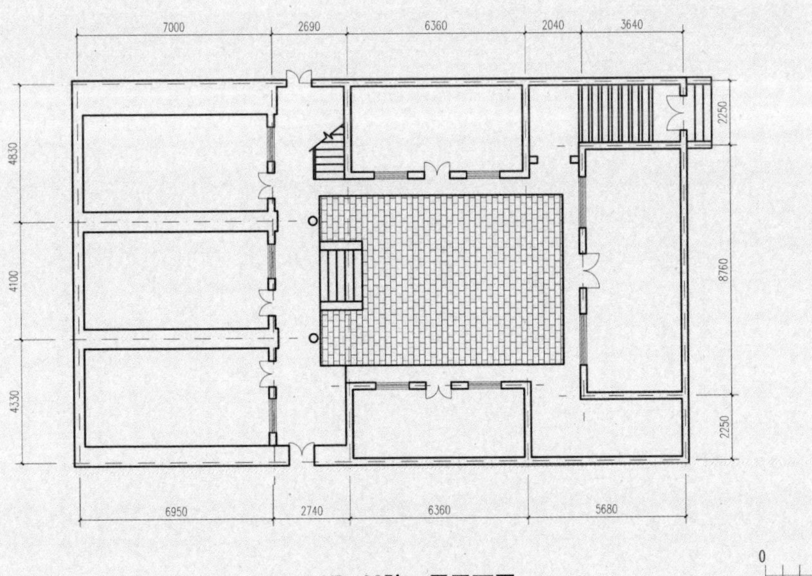

0 5m

HB-02院一层平面图

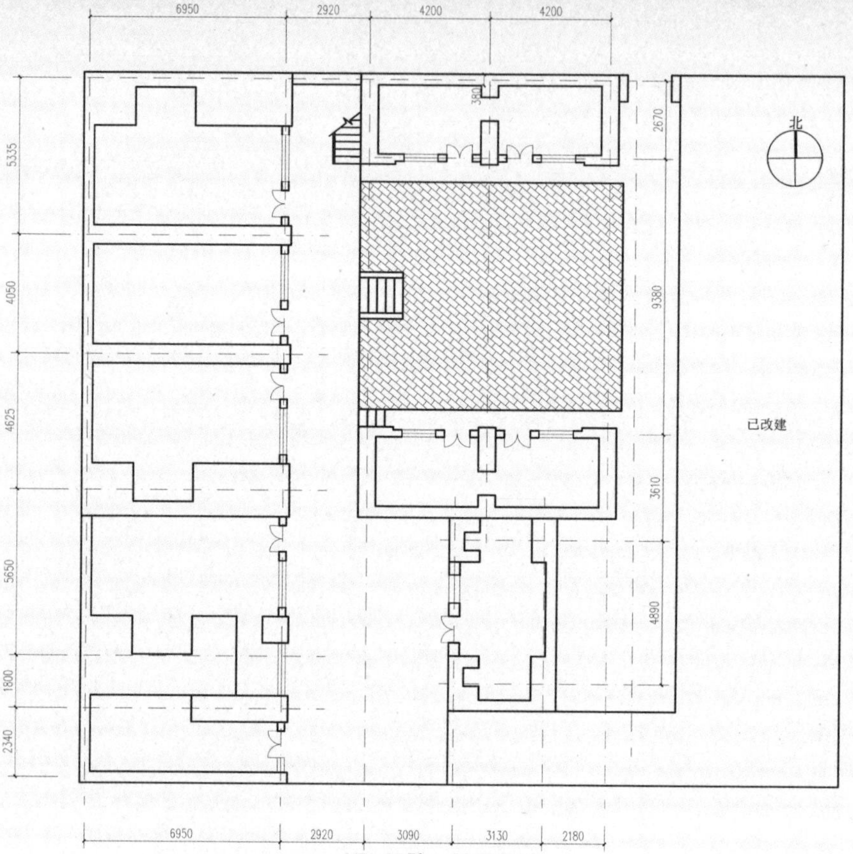

HB-05院一层平面图

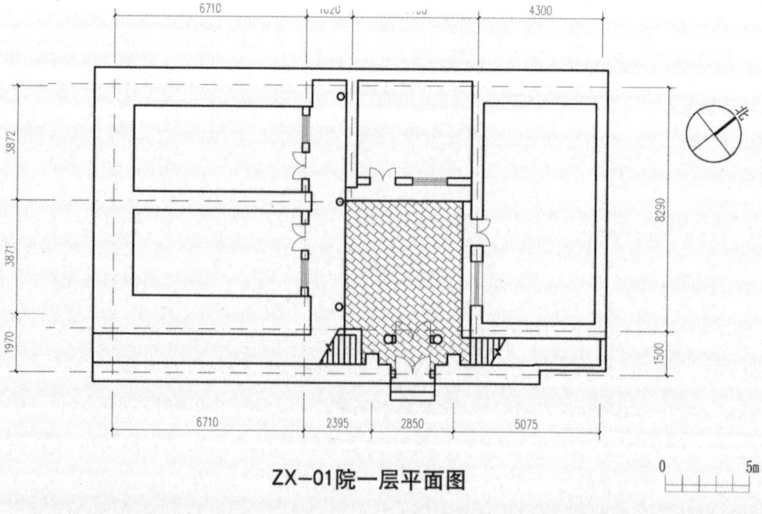

ZX-01院一层平面图

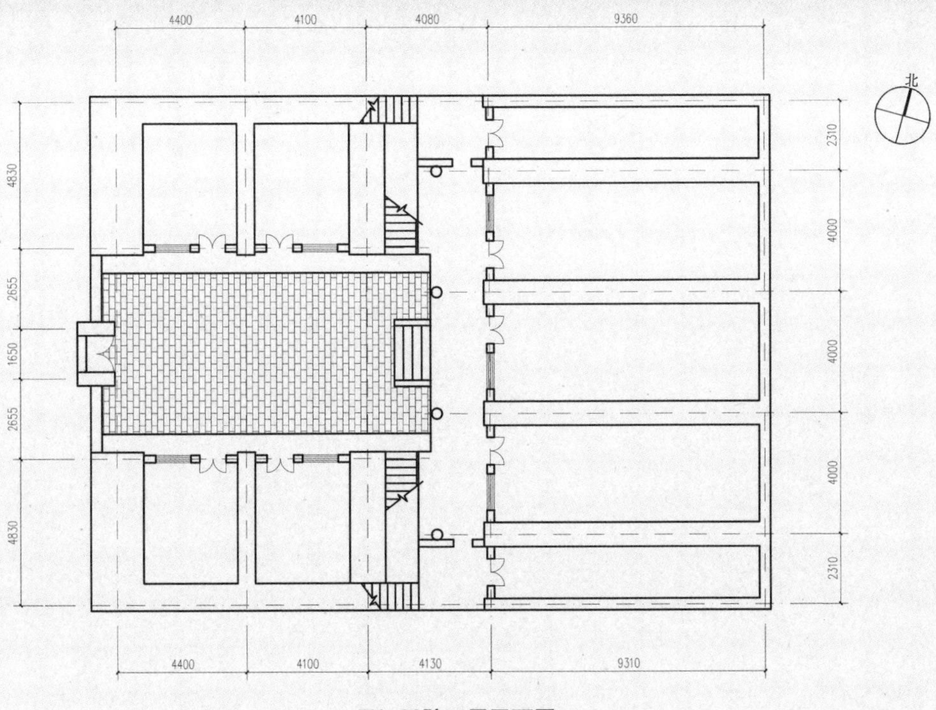

ZX–02院一层平面图

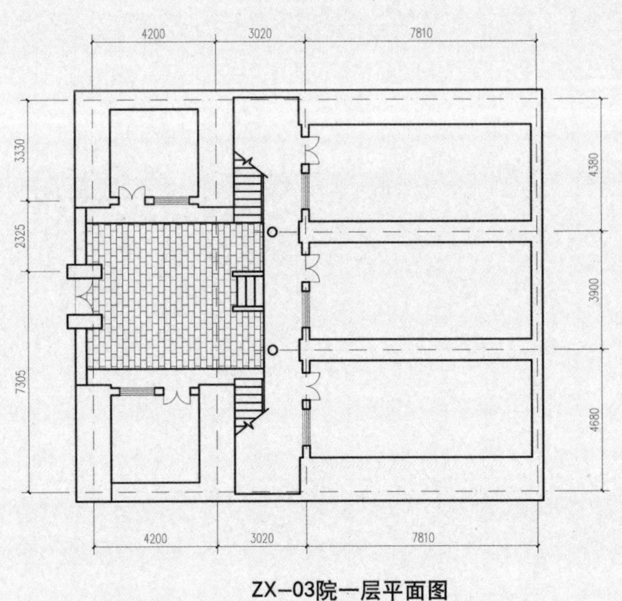

ZX–03院一层平面图

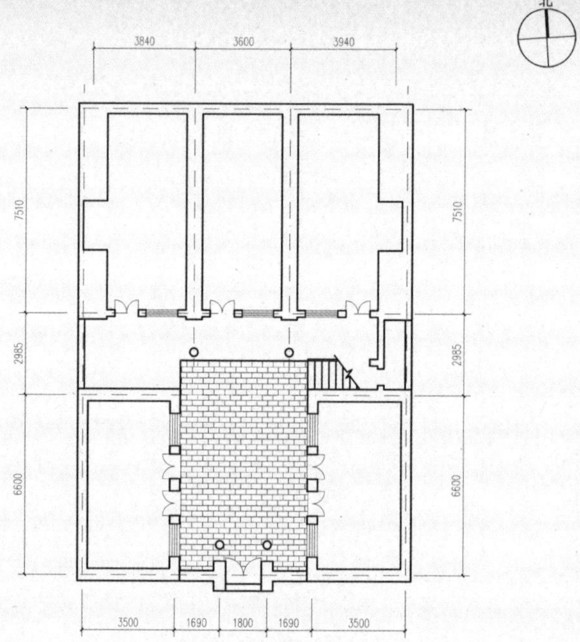

蕴山辉院一层平面图

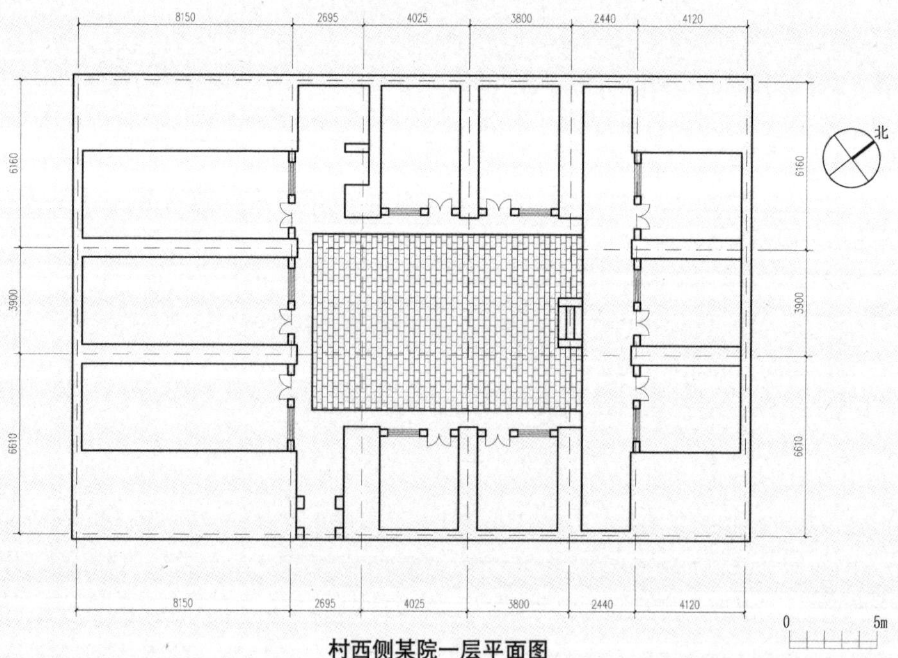

村西侧某院一层平面图

附录2 访谈录

采访1

采访对象：常子鑫　年龄：78岁　现居住于夏门村关帝庙内
采访时间：2013年11月29日
采访人：梁振昱

—您住进关帝庙多长时间了？

—这个庙我住进来近20年，十多年了。

—您能谈谈您与关帝庙和夏门的历史，谈谈您以前发生的事情。

—你看，对面山头上是秦王岭，秦王李世民在那里扎寨养兵，这个夏门，这个河（汾河）转了半个圈就走啦，那叫马弯（湾），山头上的马，饮马都在这个河里头。往后头走十几里地，有个子夏庙，孔子的徒弟的庙。

—能说一下您自己的事情吗？

—我自己原来在灵石县委办公，我17岁出去，刚出去也是在张家庄（位于夏门东侧汾河上游约5公里）管人民食堂，管事务，59年，我是59年出去的，60年就到了张家庄商店，待了三四年，到了介休灵石合并，到了介休县委办公室，后来又去孝义，白家庄管理区当公社主任，当时父母60多70了，我只好写一封辞职报告，不干了，回来了。回来那年我二十六七岁，我是17岁出去的，回来我就开了饭店，在公路一侧开了饭店。后来开了20年饭店。

—您是什么时候住到庙里面的？

—我住进来也将近十大几年，是原来老书记（已经过世）让我来这边住着，每个月给我百十块钱，后来就不给了，但我也不能走了，我一走这个地方很容易毁坏。像戏台上支着的三根柱子，就是我看到大梁快断了，不行了，我就支住它。

—在您住进来之前，一直就是您父亲在这里边住着吗？

—是的，我父亲本来是平遥人，后来日本人来了，家也败了，流落到夏门的。

—那关帝庙之前有人住吗，是干什么的？

—这个是庙，没有人住，我小时候这儿就是个学校（解放前），一开始只有5个学生，后来学生多了才砌起墙。后来学生多了，这里7个教室，解放后学生就多了。

—那关帝庙从民国就变成学堂（校）了？

—不是的，你看那后面不都挡着嘛，前面是学校教室，后面供的是娘娘、老爷；到了76年、77年文化大革命，受到冲击，毁掉了。

—那您记得当年关帝庙唱戏的情景吗？

—小时候，我七八岁的时候，关帝庙还唱戏，这个教室就在对面（东厢房），只有5个学生，先生教赵钱孙李，周吴郑王……5个学生在南侧教室，先生在北侧，中间背书。后来学生多了，有7个房

间作为教室，有校长室、教导室（解放后）。那个时候还唱戏。每年六月六，河神的生日，每年唱戏，那个时候讲迷信，他还不是一天，比如说唱戏的来了，一股劲的唱，唱什么了，这个就迷信了，不过也是个笑话。唱戏的时候，中间楼上是官员、干部，楼上东西两侧是富绅、有钱人，院子里面是男人，女人在一层的东西两间房。过去（干部）官员到河里面找河神（蛇），那个蛇跟别的不一样，蛇的脑袋是方的，不是圆的，来了就供到楼上，它就盘成一盘盘，不走，每天唱戏，它不走就得一直唱，每天唱戏。拿戏谱给它看，点头才可以唱，点到哪儿唱那个，这个就是迷信啦，但过去就是这个样子。

—您住进来的这段时间呢？

—我住进来是因为老书记，因为这里面有神像，害怕没人看着，东西毁了，叫我住进来。我父亲原来就是住在这里的，后来他过世了，我就住进来，哈哈两代人。

—您住在这儿舒服吗？

—舒服啊，生活还挺舒服，还看着老房子防止文物贩子把房子毁了，也自在，来了人，我给他们介绍介绍，我为啥不走了，就是有人来了，我告诉他关公在哪里，神像在哪。一面是财神，一面是关公，原来是啥样，一面钟楼，一面鼓楼。我养了好多狗，做伴。

采访2

采访对象：温俊谦；年龄：61岁，现居住于夏门村祭祖堂建筑群中间层院落内
采访时间：2013年11月29日
采访人：梁振昱

—这个院子原来不是梁家的吗，您是怎么搬到这个院子里来的？

—梁家倒卖了，家产该卖的卖，我便买了住进来了。

—您小时候就是在这个院子里出生的吗？

—是的。

—那您对这个院子、房子改造过吗？

—我这房子就没有改造过，基本是搬进来的样子；原来这几眼窑洞之间全用门通着呢，上辈人堵上了。原来这个房间没有门（通向室外），人以前都是从中间窑洞进来，再通过门进到这个屋。

—那这个是什么时候改成这样的呢？

—七几年吧。就是我改的。

—你认为咱们村有什么大的变化的事情？

—倒也没什么变化，没有抓住改革的机遇。

—那土改的时候这个院子是怎么被分的？

—这儿48年就解放了，原来房主害怕被定成地主，所以将院子分开卖给了村里的人，我爷爷弟兄三个，房子转不开，当时带着我父亲搬到这儿，但是（原）房主划成地主啦，土改的时候给了我们。上、中、下三个院子（上为祭祖堂、下为介景院）都分给了其他人。后来年52土改，他就没受到多大的冲击，没事。

—那和搬进来时相比，这个房子有什么变化？

—我记得原来这个房子的垂廊还在了（垂廊指窑洞前木构出挑的挑檐，现仅遗留插木挑梁的孔洞）。那边过天桥的那边一溜房子，房子就是在我手里了拆掉的，当时生活困难，母亲重病拆掉的，

大概是70年的时候。

—那您盖新房了吗?

—没有。没地方盖房子，也缺钱就没盖。

—您这住着多少人啊?

—在户的有十几口了，平常我、老伴和小女儿住这。

—那祭祖堂后面的房子是什么时候翻修的?

—70~80年代。

—那您知道这三个院子是怎么修起来的吗?

—这三个院子是一个盖在另一个院子上，只能修起一个然后修另一个，三个院子依山而建。原来是一家，弟兄三个，上面是老大。下面二、三是老三家的。

—那这些院子就您一个人收拾吗?以前有人吗?

—是的，就我一个人，以前就没人收拾。实际2007、2008年多数人迁出去了，我就帮他们看房子，房主让我照看，后来12年才专门负责收拾院子，拔草、拾掇下。一般有人来，我就帮忙招待下，领着转一下，去年还有拍《刀客家族的女人》电视剧，来了四五天。

—您觉得住着老房子舒服吗?

—肯定舒服么，比楼房舒服。冬暖夏凉，年轻人住楼房，年纪大爬楼梯不方便，而且老房子90年后通上自来水，冬天采用煤取暖。

采访3

采访对象：张宝铸、梁清亮；张宝铸编著《夏门梁氏古堡》一书；梁清亮参与夏门村国家历史文化名村申报材料的编制

采访时间：2013年11月30日

采访人：梁振昱、刘好华

—您怎么看夏门这个古村呢?

—夏门的选址，从我所学的阳宅（风水）知识讲，选址挺好。她背靠吕梁山秦王岭，那个叫龙头岗。背靠大山，门临风水，这本生就是好风水。这边（西侧）是韩信岭，另一边是秦王岭，都是从历史中命名的。你看从冷泉到夏门三湾口，我们叫做雀鼠谷。雀鼠谷就包含了很多的文化典故，当年李隆基唐玄宗走过雀鼠谷留下了很多的诗歌。从唐朝这里就已经形成规模。雀鼠谷它不仅是交通要塞，还是军事要地，而且还是一个商务，国家设税关，过往商客住在这里，对面许家店就是因为这个而得名。过去夏门汾河这里是个渡口，叫做夏门渡，从这儿过河，从秦晋古道，是联通山西陕西的古道。还有灵沁古道，灵石到沁源，过来以后都要经过这儿。从东往西去是上党盆地，隰州（现隰县）。夏门这个地理位置，往南是平遥府，往东潞安府（今长治），往北太原府。他就在三个盆地中间，南边临汾盆地，北边太原盆地，东南边是上党盆地，地理位置很好，在这里设置汾水关，直到今天夏门交通地位也是很重要的。

—您怎么看夏门的建筑和村落的格局?

—夏门的建筑都是拱形建筑，到处都是拱。有地下通道连接，这个古堡都有地下通道连接。

—夏门村的建筑群发展脉络呢?

—西面建筑，比较早，粗糙，档次低，到夏门梁氏第六世，才向东发展，在东边修。东边地势

高差大，再加上占地小，只能搞拱形，下边修了，在上边继续修。本身村落背靠大山，负阴抱阳，都是这个方向。

—我们看到大夫第的复原图，非常精美，特别是百尺楼，那百尺楼原来是为什么而建的呢？

—据我考证，1.风水，汾河湾；2.外观，实用价值小。大夫第上面原来就有很多亭子，观景、凉亭，有钱人家的亭子，古时叫作夏门春晓，是灵石八景，是唯一在汾河西边的景观。

—关于夏门村建筑何时修建，是一次性修好的吗？

—大夫第就是人家梁家的一起修起来的，但关帝庙是分两次修的，戏台和正屋的一层是一次，后面的两层是后来修的；原来并不叫关帝庙，是后来才改成了关帝庙，原来为了西面的水口修建的。

采访4

采访对象：梁家毅；年龄：40～50岁；现居住于夏门村道台院内，为夏门梁氏二门后人
采访时间：2014年4月3日
采访人：梁振昱、刘好华

—“道台院”为什么叫“道台”院呢，是出过道台吗？

—说起“道台院”，传下来说，原来院子里的老人过世，下葬的时候，阴阳先生点穴，下葬的那天，下葬时候，恰好飞出5个鸽子，阴阳先生让拿孝衣捂住，结果捂住3个，跟老人一起下葬了，这个院子的弟兄三个就出了三个道台，所以叫做“道台院”。这个院子原来可大了，有七道大门，占地面积一千平方米，修公路的时候拆了，原来入口在下面（指南侧学校附近），拆的时候我十二三岁，大概70年。

—那梁家刚到夏门开垦的河滩地是指哪里？

—就是村子南侧河滩的地方，后来修公路，南侧建起来房子把地都占了。百尺楼下面有个渠，从白家庄（指村东侧村庄）那边引过来，晚上连夜开的。我们说是银桥水渠。夏门梁家的田地不仅在夏门，在康城、隰县、交口都有我们的地，夏门本身没有多少地，都在外面。

—那夏门八景都有些什么？

—夏门梁家当初大多数的土地并不在夏门，都在秦王岭，那个时候运输都是靠骆驼，有个地方骆驼经常在哪里失足掉下去，叫做鬼门关；百尺楼下面原来是古渡口，原来是没有桥的，夏门是个水陆码头，聚集的人多，夏门最早，光绪之前夏门7千人，现在连外来人口4千多口人（1500多本地人口，620多户）；还有雁归亭，在秦王岭。

—梁氏祖坟在哪里？

—在今天学校那边，有一个牌坊是我们第四世梁维屏修的，当初修学校时，祖坟都迁走了，牌坊也要拆迁，我们坚持才没有拆；盖学校的时候，空出了一间房子，刚好把牌坊放进去。

—夏门原来有什么庙宇？

—我们夏门的庙宇比较全，有真武庙、河神庙、关帝庙、观音庙等。现在在的就是土地庙、关帝庙，其他都破坏了。

—那现在镇政府是拆了老房子盖起来的吗？

—那个地方原来就是空地，叫做花园，地方可大了，后来盖成了楼。夏门的大院都有花园，还有头堡门外面，关帝庙附近都是花园。这些大院基本上都是以前修建的，后来当官了之后，修的就少了。

……

—我们夏门梁家以前在灵石是大家族，每当旱灾、虫灾都是我们捐钱、捐粮食。我们还建了个竹林书院，在灵石县城，是十二世梁秀中修的。

—那村里的祠堂家庙都在什么地方？

—村里家庙一共有五个，一门一个，其中以二门的最大，是从御史院出来那边那个，后来才修成了九门家庙（二门弟兄9个，所以叫九门家庙），每门都有祭祖堂，都有老家庙，每年上坟、清明节先去老家庙磕头，再去各家上坟。

……

—我父亲就曾经在老家庙过，他辈数小。祭祀完祖先，分粮食，分猪肉。每个家庙都有几百亩地，地的收入放到家庙里，分给族人。老家庙在永宁堡前面，是个大厅，供着老祖宗呢！老家庙修的比较早，简单，二门的九门家庙规模最大，是后来修的，修的很讲究。

—这些老房子是什么时候变卖给村里其他人的？

—62年的时候，土地是土改就没有了，房子在62年村里要办公社，逼着你卖出去的。那个时候3700块钱卖了。

—梁家巷一侧的民居，又叫梁氏祖居，是梁家最开始建造的院子吗？

—这个院子（梁氏祖居）修的早，古堡是在这个之后盖的，这个院子（祖居东侧院落）是占了九门家庙。这边院子下面有地道，通向村外，通到村东侧。

—村里的道路是不是修缮时抬高了？

—是的，至少抬高了两米，原来的道路要低很多。

—那以前的店面都是朝着夏门主街开嘛？

—是的，这沿街房屋以前都是店铺，后来有了公路才朝公路盖起了新房，这原来都是水浇地。中学是七几年盖的，学校旁边是90年代盖的。

—清明节祭祖是什么样的流程，有什么仪式吗？

—首先要准备一些必备的祭祀用品，纸钱、香烛之类的，准备四个菜、酒、茶水，到坟前整修先人的坟。在上坟以前先在家庙祭祀，给老祖先磕头，后人严格按照长幼尊卑来排列。先去老家庙给老先人磕头，再到自己家庙祭祀，然后再去坟地去整修坟。

附录3 碑文选录

1.唐河东节度使王宰碑记

唐大中三年（849年）立石。

碑原在夏门南汾河南摩石崖，现已佚，文录自清嘉庆《灵石县志》。

唐河东节度使王宰碑记

唐河东节度现察等使光禄大夫检校司徒兼太原尹北都留守御史大夫上柱国太原郡开国公食邑二千户王宰

开成五年，自陇州防御使拜工部尚书，节制邠宁。至会昌三年，蒙恩换许昌节。至九月，自许昌统当军骁卑洎河阳，义成。宣武、浙西、宣歙等军兵马，充攻讨使，诛除壶关寇。嗣至四年八月十日，枭逆首，献阙下，蒙恩奖宠，除左仆射。至九月将归许昌，军次温县，大使持节至，又授宠诏迁镇北门。十月过此，至会昌六年上登宝位，蒙恩加司空。至大中元年，奏以云、蔚、朔三州之腹为贼喉要。故戍旧封多所废缺，蕃寇奔突，无所限碍。又相厥土浓壤，可出军需。遂疏其利，宜请立耕战三城。募卒六千任其事，务农习战，永斥边寇，克富军储。至二年九月，秋成境肃，上录其功，诏就拜司徒宰以叨乘微効，祗寄北都。及今五稔，日惧罪悔，靡遑非据，遂沥诚拜章.乞觐明庭。既蒙恩下允诚恳，至十二月十二日遂得祇诏，拥节趋阙，赴正仗朝聘之礼。至明午正月十一日，又蒙圣旨奖加光禄大夫，依前检校司徒却归本镇。至二月五日过此，因览其重峦复叠，积树参差，汾水迥奔而潺湲，天险蔽抱而崇固，可壮夫霸图皇业万代之基。驻旆关亭，吟睇移景，又睹中令河东公及相国令狐公、左揆狄公、相国崔公来罢之题列，遂辄纪其转历及往复所自云。

从弟节度判官殿中侍御史内供奉赐绯鱼袋坤

男前参司御录事参军嗣宗并从行

2.高壁镇新济桥记

唐·咸通十三年(872年)立石。

碑原在夏门南汾河北岸石壁，现已佚，文录自清.嘉庆《灵石县志》。

河东节度高壁镇新建通济桥记

兰　陵　萧珙撰

粤兹雄镇，实河东军之要津。封接蒲城，当舜夏墟之旧地.有关曰阴地、有亭曰雁归。固晋川之一隅，通汾水之十派：金城汹涌，林麓森沉；东控介峦，西连白壁；峰巅万仞，壁峭千寻；足食足兵，有成有固，则代郡雁门何越之有？至若驿骑星驰，华轩云凑。往返骈阗者皆中朝名士，悉息驾于雁归亭，未尝不题藻句'纪年代也。西南松门洞豁，径通千里，岩巘隐映，用输矾者居焉。口暝遗运者众，混流箭激，不可渡之，虽有叶舟，过者怀疑，或覆冲溪人，或驻滞游子，凡经渡者咸有咨愤之词。伏会兵马使清河张公领是镇，初有关城居人百姓等偕诣柳营，请创建长桥，以导达津阻。公挺俊人表，导全礼乐，器兼经济，才为时生，深恻隐，运良筹，允所陈，而召节级佥曰：“吾北离旌□，南过斯军，致舟车不便，众有戚容，胡为关河字（守）人！”遂请当镇咸通观音院主法大德普安，激劝乃辈，结聚□凫兼，自减月俸，以咸通九年戊子岁五月九日兴良工，政□□毕能乘时逐便.因利出材，勉为甘言，赏励短匠，不日毕成。是桥长一百尺，阔一丈五尺，下去水四十尺。创置门屋，立锁钥，安华表柱，俾阍者洁严掌辖，署其名曰通济。其桥南有古之曾氏石桥，虽名扬寰海，而通济之义莫大兹也。由是，自华亭，斗虹樑，飞鹊脚，架云栈，回朱槛，化□崠于洪波，腾华鹳于朱户，炳焕方面，盖以壮皇家天外北门之咽扼耳。曩者，亭际中流有怪石，蹙浪声砰，轰若雷霆，震而不息。两堤人不辨其音，状有蛟螭潜处其下，居者尝虞罕窥其祯咎。公以建桥之日奠肴酒祝之，其声顿止。是规风振俗，兆应昭彰，故得磊落，妖声潜殄水府，以表我公之勋业巍巍乎。愚才非敏达，得不纪兹殊绩，辄缀斯文，用刊贞石。

是十三年壬辰四月十五日记

3.夏门梁氏墓碑记

清·乾隆二十一年（1756年）立石。

梁氏祖茔碑亭为牌坊式建筑，中间柱联是“特起儒风垂后俊。频行惠雨叶前模”，上横额为“祖述渊源”。左右各有一碑。碑高均为140厘米，宽64厘米，厚15厘米，左右共一联.为“葱郁松楸古，连绵德泽长”，横批各是二字“流馨”与“贻谷”。左碑阴额文“世系”，碑文是长子世系图。右碑阴额文“世系”，碑文是次子和三子世系图。整座碑亭为青石雕镶。碑文为楷书。共16行，满行32字。

碑现存于夏门村，立于中学一房内。

梁氏墓碑记

左碑阳额文“永奠”，碑文如下：

明邑庠生员，四世祖考梁府君，讳维屏，字卫吾。暨四世权妣王太君，张大君，段大君，陈大君，合葬之墓。

祖考生于万历六年七月初一日寅时，卒于康熙七年八月初十日酉时。生子三，世系详碑阴。

大清道光十七年七月二十一日重建

右碑阳额文“孔昭”，碑文如下：

曾大父姓梁氏，梁为伯益后，支分派别，各居一方。章基吾乡者，始祖福山，实长子孙焉。分五大支。先赠君应韶公，实二支之二派，为吾合族之大祖。所谓敕封义官者是也。曾大父赠君之叔子，独于吾族为少祖矣，其生卒年月载柘中甚详。独墓表九十年来，风雨剥蚀，磨不可尽识，族人佥议重修，摹读之下仅得其概云。按表，公讳维屏，字卫吾，补博士第子员，光明磊落，不事豪强。明季流贼四起，乡人逃窜死伤，不堪寓目。公奋不内顾，集众捍卫，筑堡于北山之巅，前位重门，后竖楼堂，乡人恃此以无虞。又吾乡环山多石田，崇祯六年，兵氛不靖，野无青草，公慨然独任，引汾水以灌田，曰渠成众受其利，不成独当其害。出金一百，为杂食补堤之费，沿山开道，渠以告成而时不病旱。其他所载字画，模糊不可读也，而传闻间有轶事，不敢直书惧诬也，撰文为乡先生尊美张公云。呜呼！创业传统为可继也，九十余年子孙七世，曾大父余荫不为不厚矣。食其德，承其先，非子孙之责，与瞻拜之下，同思自励，庶不愧其为后耳。原配王孺人，继配张孺人、段孺人、陈孺人。原来不载，补志之。子孙世系另录于后。

铭曰：石寨巍巍德镇乎北山之阳；原田每每德流乎汾水之长。生有遗爱，殁有余芳。百年之荫不替，七世之泽愈香。怀哉！怀哉！继承维善，虽百代而犹昌。

曾孙　时　　董工重建　　枢　沐手纪略
元孙　启魏　沐手书
仍孙　鹤汀　敬录

大清乾隆二十一年清明吉　立
道光十七年七月二十一日重镌

4.梁氏岭上茔地圣旨碑记

清·乾隆三十六年（1771年）立石。

碑为青石质，碑文为楷书。

碑现存于夏门村梁氏岭上茔地。

梁氏岭上茔地圣旨碑记

奉天承运，皇帝制曰：任使需才称职。志在官之美：驰驱奏效报功，膺锡类之仁。尔梁于淇，乃山西直隶代州繁峙县教谕梁枢之父，雅□素风。长迎善气，方治克勤于庭训，箕裘丕□天家声。兹以覃恩貤赠尔为修职郎。山西直隶代州繁峙县教谕。

锡之敕命于肇显扬之盛事。国典非私酬燕翼之深情。臣心弥励，制曰：奉职无愆，懋著勤劳之绩；致身有自，宜酬鞠育之恩。尔乔氏，乃山西直隶代州繁峙县教谕梁枢之母，箕宜家人，会仪昌后，早夫而教子，俾移孝以作忠。兹以覃恩貤赠尔为八品孺人，于戏煮象服之端严，诞膺钜典，锡龙章之涣□，永播教吾。

大清乾隆三十六年十一月二十五日立

5.梁氏祖茔创修围墙记

清·乾隆五十二年（1787年）五月立石。

碑高50厘米，宽96厘米，厚10厘米，青石质。碑文为楷书，共10行，满行24字。

碑现存于夏门村村民余某院内。

祖茔创修围墙记

八世孙增广生员　乐善

谨撰

吾族祖茔在村南汾水之阳，自明嘉靖以来无虑，百余年如故。迫国朝雍正初，距今三被水患，碑仆圹颓，加以逼近闾閈，牧竖樵夫日肆蹂躏甚非所以妥先灵也。族之人戚焉，爰砌以瑰礓，为之垣墙，高则一寻，週迴百仞有余。工起于丙午季冬，洎丁未仲夏六阅月而始竣。非为观美，但期封树无恙，为人子孙之心庶几其稍慰乎。至岁月逦逦，倾圮为忧，是又所望于后之人云。

十世孙监生壮观敬书

董事人八世孙监生上瑜、乡饮介宾怀瑜、监生魏侯、铨州判元杰

督工九世孙庠生宗宪、庠生思义、监生景星、监生云路

乾隆五十二年五月　吉　立

补文：

嘉庆二十四年三月，十二世孙监生家达，捐明堂地壹段.长十丈,宽三丈。

道光十七年三月补修，公议茔内大小树木禁止私伐。

6.夏门道工代赈碑记

清·嘉庆十四年（1809年）立石。

碑原存于何处莫知，现已佚。文录自民国《灵石县志》。

夏门道工代赈碑记

大仆寺正卿梁中靖邑人

汾水自县治折而西南，山峡嶔巇，沙碛磈礧，触石怒号，溃获弥甚，过永济桥西流直下，而夏门尤当其冲。村人甃石治道，以通行旅，复开渠引水以灌田。而水势汹涌。辄被冲溃。自乾隆壬午道坍而渠遂废。嘉庆辛酉水暴，至故道淹没，越六七载，村人屡议修砌而事莫举。夫渠之废数十年矣，而是乡蹴居水滨，为往来冲途，使西南诸乡问渡者临河而返，可慨也。乙丑丙寅岁大饥，斗米千钱，贫民食草木以延旦夕命，诸父老虑村人之填沟壑也，佥议修道代赈，以济贫乏。于是醵金粜米，以日记工。按口给米，老者少者咸仰食无失所。计需银一千五百有奇，始于丙寅二月，三阅寒暑，迄己巳五月而功成。道之纵为步二百四十有奇，横二仞，可容方轨崇如之，复砌石通渠，以继前美，亦如道之长。夫以数十年废坠之事一旦而举之，岂履道坦坦仅免揭厉之虞哉！要使分灾救患无流离之悲，共井同乡敦友助之谊，是则诸父老之志也夫。

7.再访古碑记

清 嘉庆十六年（1811年）立石。

碑已佚。文录自清 嘉庆《灵石县志》。

再访古碑记

梁中靖邑人

由夏门西南行六七里曰照碑滩，两碑相照故名。山势峙立，汾水中流，幽谷深邃。袤长四十里，其南即阴地关，盖古之雀鼠谷也。碑在河北者，唐咸通十三年萧珙通济桥记，记有高壁镇、雁归亭诸胜，书法苍老，距水高数寻；在河南者，唐大中三年节度使王宰记，自叙其升迁之故与往来之由，楷书遒劲，入河深数尺。又其上有小碑，字剥落不可辨。盖古驿通衢，游人多题咏焉。乾隆丁未，文与乔君访于牧竖而碑始显。偕同人往之。今年秋，天日清爽，水落沙见，同游者复有访碑之约。于是，携酒肴渡略彴，由古峪滩循水而南，水流石崖下，匍伏行数武，乃缘石磴而登，荒径逼仄，狭不容步，危临绝涧，激浪怒号，心摇目眩，惴惴不敢下视，约数里始至。至则览雄镇、寻古胜，碑犹对峙，而寒山寂寞，野草苍茫，求所谓高壁镇、雁归亭者，渺然不可得。嘻！大中至今九百六十年矣，而碑之显乔君以前无闻焉，岂古人胜迹有所待而后见耶，抑碑之显晦自有时耶。丁未至今二十五年矣，而古碑残缺又不如昔，则后此者可知也。亦安知有好事如吾侪者，复从而访之耶。时嘉庆辛未重九，同游者李君辑五、张君一山、李晓文师、赵君德贞，诸侄象晋、光斗。石工宁森。

8.夏门春晓石匾

清 嘉庆二十二年（1817年）立石。

匾高60厘米，宽155厘米，青石质。匾文为行书，“夏门春晓”四字如斗大，共1行，满行4字。

匾现存于夏门村东，镶于百尺楼左侧石崖下。

夏门春晓石匾

嘉庆丁丑仲春

夏门春晓

少华　王志融

9.敕赠修职郎定襄县儒学教谕诰赠朝议大夫吏部验封司员外郎毅斋梁公家传

清·嘉庆年间（1796～1820年）立石。

碑 约33厘米，宽250厘米，青石质，碑文为行楷，共70行，满行10字。

碑现存于夏门村梁某院内，镶于左房壁中。

敕赠修职郎定襄县儒学教谕

诰赠朝议大夫吏部验封司员外郎毅斋梁公家传

公姓梁，讳绘星，字子明，号毅斋。山西灵石县人，世多隐德。父宏魏，举明经，有子四，公其仲也。七岁就傅读书，异常儿，以孝闻。母牛孺人病颠痫，横加殴挞，家人奔避。公年尚少，独昼夜侍侧，动止必护持之。父母故，继母犹在堂，事之惟谨。兄早世，四弟稚弱，抚育备至。世父宏魏与三子相继逝，孤寡茕茕，赖公成立。性明决，质直而好义，乡里细故人所难处，一二语立解；人有过，面折无少周旋；人有善，称誉不容口；人有急难，不惜财力，必济而后已。戚族婚丧，赖以经纪者，无虑数十百家。灵石令林君多惠政，缘事免官，廉贫不能归，公以百金倡邑人相继资助，得以就道。乡有官刍之役。每届期贫富相推诿，屡至兴讼。公曰："同里而构怨无已，非义也。"慨然出数百金，取息充输刍资，自是一乡免其累。有杨姓者，家贫妻产，病且危，将沉子于河，询知其故，周以二十金，其夫抱子归，夫妇感泣。先人后己，他多类此。公伟貌修髯，发音洪亮，性严重。每晨起危坐，子姓臧获，皆屏息，庭以内肃如也。勤学好古，熟精二十三史，谈古今成败得失，了然心口。又以儒生济世，莫若医，究《心内经》有神悟，踵门求诊者无虚日。夏日遇推车者僵于道，众报官请验，公诊视曰："此中暑，可活也"。出药纳口中，移时而苏。比官至，推车者已行远矣。公志高行洁，布衣终其身，训子弟以立品。尝云："读书岂专为举业？"暇日，每述先人逸事诏之，俾知祖业艰难。子弟自塾归，篝灯夜课，漏下三四始就寝。手录前言往行刻于壁，俾子弟出入观省。公叔子中靖，嘉庆辛酉进士，改庶吉士，今官吏部员外郎。季中孚，癸酉科举人，定襄县教谕。并出余门，以故知公特详云。

论曰：余览《后汉书·独行传》，颖川刘翊，丰于财，善济人急。乡族贫者死亡则为具殡葬，嫠独则为营嫁娶，周施而不有其惠。公其流亚欤？公子登巍科，列清要，诸孙玉立，相继游庠，进取未可量，式谷诒谋，效可睹已。

赐进士出身中宪大夫鸿胪寺少卿前日讲起居注官翰林院侍读学士通家弟德清蔡之定顿首拜撰

赐进士出身光禄大夫前经筵讲官太子少保两江总督吏部礼部尚书通家弟长白铁保顿首拜书

10.北庄原梁氏先茔禁约

清·道光元年（1821年）七月二十立石。碑高约70厘米，宽70厘米，厚12厘米，青石质。碑文为行楷，共15行，满行18字。

北庄原梁氏先茔禁约

本茔亥龙发脉，转艮入首，山从左旋，水自右抱，水口巽字。天盘癸山丁向，丙子丙午分金，一定之局无可移易。猗氏一乾常先生，于乾隆四十四年相得之地，至作用之法则详于沁源兴瑞李先生。一理形，一理气，二家俱有心得，其议论悉载入坟谱，当谨遵之。计地上下二段，共十三亩有奇。上段地东西长七十一丈，下段地东西长六十九丈，南北共宽十三丈六尺，葬法自主穴外，左右附葬至孙辈而止，曾孙辈俱不得附入，恐侵占明堂也。上段地不得扦穴，恐损伤龙气也。后世子孙其敬 斯言，如敢违者当以大不孝论。

孝男中靖　中孚

孙　象普

曾孙　书　等谨

大清道光元年七月二十日

11.皇清诰授中议大夫太仆寺卿与亭梁公墓志铭

道光十三年(1833年)十一月立石。

碑原存于何处莫知，现已佚。文录自军营坊何某收藏之碑帖。

皇清诰授中议大夫太仆寺卿与亭梁公墓志铭

公姓梁氏，讳中靖，字与亭，号秋园，世居晋之灵石县夏门村。曾祖讳谦，祖讳宏魏，父讳绘星，三世习儒业，不求仕进，以公贵皆赠如其官。曾祖妣房氏，祖妣牛氏、荀氏、阎氏、刘氏.妣王氏、王氏、张氏、王氏，皆赠太恭人，晋赠太淑人。赠公生子四，公居三，天性颖异，尤敦孝友，年未及冠，相继失怙恃，或有以辍学劝者，公奋然曰："不读书何以继先志"乃益笃于学。初应童试，补博学弟子员，旋食饩。嘉庆戊午，以贡生举顺天乡试，辛酉成进士改庶吉士散馆，以知县候选。家居近八年，训课子弟，周恤乡闾，缵先人未竟之绪，费不惜，劳亦不惜也。汾河水势湍急，灵邑夏门村当其冲，甃石以导其势，开渠以畅其流，畎亩资灌溉之利。岁久湮塞，河流曼衍，值大灾，斗米易千钱，公仿范文正公以工代赈之法，醵金粜粟，计工授食，民之无业者赖以存活，粟尽而工竣。是岁也，灾不为害，公之力居多焉。夏门村岁征官刍数千斤，里氓咸以为苦。先是赠公欲每岁以数十金代偿之，而未果，公曰："此吾父未酬之志也"。爰解囊出金数百付里长，岁以其息应役，穷黎永利赖之，公之嘉惠里党类如此。嘉庆十六年选授广西平乐县知县，未抵任纳资为员外郎。十九年授吏部验封司员外兼考功司事，凡六年擢浙江道监察御史。以钱法日敝，奏请严申例禁，得旨褒嘉，下部议行。皇上龙飞元年，劾奏知县匿丧者一，勒索者一，皆褫革。回子伯克年班入京，道经晋省需索驿站，奏请严禁；江西州县亏缺杂税，奏请清查，上悉可之。二年六月督理五城街道京察一等，旋掌京畿道监察御史。晋榆次县有恶棍阎思虎者，横行乡曲，邻女赵，年十三，虎窥其父母出.突强淫之。诉于官以和奸逼供，不服则鞭杖交下，女忿自戕于公堂，值大暑，暴尸数日肤色如生。其家人走京师具控，上命大吏覆谳，仍以和奸断。沉冤惨毒，无不切齿。公具疏驳诘至千余言，得旨交部讯案至京，一鞫而成信。上温旨褒奖，加四品秩，不逾月擢大仆寺少卿。十年转大理寺少卿，稽查左翼宗学。十一年迁大仆寺卿，署光禄寺卿。十二年冬染寒疾.医久不愈，次年春乞假开缺，奉回籍调理之命，未就道，以疾卒。当易箦时，沐浴，正衣冠，训诸子以修身力学之道.并拳拳以君恩未报为念，语不及私。呜呼！如公者诚不愧古君子矣。公自居言路，历卿曹，慷慨激昂以身许国，凡事之有裨于政治，有利于民生者无不言。先是畿辅莠民传习邪教，党羽甚多。缉捕四出，诛连者或不免。公于十二年春，具疏请宽刑狱，反复于天人相应、洪范五行之征。得旨驳斥有："读书不明理"之谕。呜呼！读书之名岂易得哉，公其可以不朽矣。公生于乾隆三十年乙酉五月二十四日戌时，卒于道光十三

年四月初一日申时，享年六十有九。元配王氏赠淑人，以嘉庆九年二月初一日卒，继配燕氏赠淑人以二年七月初二日卒，再继配燕氏以十年四月十六日卒。子长象垣，太学生，次象祖，太学生，出嗣公弟虚舟，次象融。女二，长适同邑陈枚豫，云南安丰井盐大使；次适介邑宋绍祁，太学生。孙一。今以道光十三年十一月初二日，葬公于北庄原祖茔之次。其孤以墓道之石请铭于余，余之与公生同乡，先后同馆、同御史台，知公甚悉，未敢以固陋辞，因为之铭曰：

灵石之秀，笃生斯人。孝于为子，忠于为臣。

其言谔谔，其容恂恂。十年台谏，为国为民。

忽骑箕而长往，殆无昧乎前因，草芊绵兮木蓊翳，永妥千祀兮永贞斯珉。

赐同进士出身，诰授资政大夫，前兵部侍郎，兼都察院副都御史，云南、贵州、福建巡抚，掌京畿道监察御史，工部给事中翰林院检讨，汾阳馆愚弟韩克均顿首拜撰文。

赐进士出身，诰授中宪大夫，前翰林院侍讲学士，山西学政，国子监祭酒，潍阳馆侍生陈官俊顿首拜书丹

賜进士出身，诰授通奉大夫，鸿胪寺少卿，前护理山西巡抚，兼提督盐政印务，山西等处承宣布政使司布政使，归安年愚弟叶绍本顿首拜篆。

大清道光十三年十一月初二日

12.梁氏侯家顶茔地碑记

清·道光十八年（1838年）四月初六日合支公立。

碑高182厘米，宽？厘米，厚68厘米，青石质。碑文为楷书，共13行，满行27字。

碑现存于夏门。

梁氏侯家顶茔地碑记

侯家顶在后庄之北原上，迤逦蜿蜓，山环水抱，不可胜状。

高祖公辈卜葬于此，至今百有余年矣，堪舆家过之，靡不流连称许。但吾族支派蕃衍，附葬者□纷，有碍风水。因合支公议：嗣后不论安葬寄理，一应禁止，违者以不孝论，其地共三层，约十余亩有奇，东至梁德厚，西至吉道，南至赵师瑜，北至史广福。四至界限.并录于此，俾后世子孙，随时修葺，有基勿坏，恐代远年久，不至湮没无考焉，是为记。

元孙刑部督捕司郎中壬辰科举人永魁撰文

昆孙邑庠生召棠沐手书丹

来孙园梓、甡云裔甸韩

昆孙殿钦、庆三

仍孙从九、万清督工

道光十八年四月初六日合支公立

13.夏门村修关帝庙碑记

清·道光二十五年（1845年）立石。碑高190厘米，宽90厘米，青石质。碑文为楷书，共16行，满行39字。同样两通，另一通刻各商行当铺及本村募捐人芳名，为梁德龄书。

碑现存于夏门村关帝庙，镶于正殿左右两壁墙中。

修关帝庙记

关帝列在祀典久矣，遐迩中外，一律尊崇。乡先辈咸思位神以奉之，奈绵力无几，暂权子母，以俟来者。迄今数十年余，所积仍不敷，村人士醵资外，复募得千余金。乃鸠工庀材，于旧庙之层巅，起殿阁，立堂宇，为其用力少而成功多也。中厅三楹为正杞，以药王、财神附立于左右两厢，及台榭垣墉亦扩充而高大之，悉如式。庙貌巍峨，嶄然齐一。从此感召天和神降之福，乡之人仰籍屽蠓焉曷既也。经始于甲辰年七月，越次年九月而竣。事计需缗钱二千有奇，至所赢若干，切勿滥费无余，以致将来匮神乏祀，有负前人创始艰难之意，又不无望于后云。爰掇颠末，而为之记，其募化督工人并书于左。

壬辰科举人　梁永魁　撰文

监生　梁裕后　书丹

募化人名　布理问　梁景星　等二十余人（略）

督工纠首　李永固　等二十余人（略）

大清道光二十五年岁次乙巳阳月谷旦立

14.夏门北山修路碑记

清·道光二十九年（1849年）立石。碑高130厘米，宽50厘米，青石质。

碑现存于夏门村。镶于北山半腰碑亭中，碑亭为砖拱结构，保存完好。

北山修路碑记

吾乡之北山有小路一条，为北原一带通衢。山之巅有数水道分流，每值大雨水从山巅而下流入官道，故村之北并无所谓水患焉。近年以来，村人傍山而居者占道以拓其基，旧日水道多被壅塞，每逢大雨，山坡之下冲为坑沟，行人苦之。村人梁万清、李贞元、梁果、梁松林、杨德林等，广为募化。此地多石，即以石砌道。工始于道光二十九年，越一月而告成。水道壅塞者通之，旧路冲坏者填之。功成后行路者咸以为便，是为记。

各商行及个人捐资姓名（略）

吏部候铨主事加二级梁秀钟捐银二十两

共募化银柒拾两钱肆拾陆千伍百文

督工纠首：梁清玺梁德荣梁万清勒石

大清道光二十九年四月

15.夏门村修路碑记

清·光绪二十年（1894年）立石。

碑高65厘米，宽85厘米，青石质。碑文为楷书。

碑现存于夏门村，镶于百尺楼左侧山崖下。

夏门村修路碑记

尝闻，不朽之事□在□功矣者，□□□朽之业。舍村东旧有河□道，石条上连石峡，下接汾流。斯道也，东西南北乡往来之通衢，又通南别途□。先年屡经修理，资金无算。历年久远，补修无数，未尝外图募焉。兹于光绪十六年秋.汾水暴涨，冲塌道堰，几及断行。工程甚巨，村人无力整修，因会同人互相筹款，出疏募化，仅得银钱六百之数。次年兴工修治，整理坦平，季年复修，前后修工共费钱六百贯有奇。工即告竣，将四方乐输者之芳名，勒石永垂不朽。于是旅人之往来，牛马之周行坦

然，今而后仍厚望于继此工者，庶几有人矣，谨以为记。

邑庠生介宾　梁希曾敬撰

优廪膳生员　温宝树　书丹

督工人：梁希曾　温同春

首　事：梁希曾　梁治　梁锦骧

大清光绪二十年岁次甲午孟秋月立

16.创建竹林书院碑记

清·咸丰三年（1853年）立石。

碑高约142厘米，宽65厘米，厚15厘米，青石质。碑文为楷书，14行。额高70厘米，宽65厘米，雕二龙戏珠。碑原存于竹林书院，现已佚。文录自《灵石县·教育志》。

创建竹林书院碑记

灵邑控霍环汾，□参度井。西河氏化行之处，声教优斥；沽惠侯让善之区，流风尚在；钟灵航秀，非无瑜瑾之才；肆雅歌风，不乏菁莪之选。蓉光照读，午夜陈经，蕊榜传香，丁年夺锦。班既联乎玉笥，赋或献于金门，斯皆秀挹山川，功深砥砺者也。岁在辛亥，予恭膺简令，承乏是都。挟策褰裳，问俗于下车之始；分题阅课，采风于听政之余。衡艺制则彪炳有光，被诗风则清新可诵。惟是，楠梓乏栽培之地，鹿洞未兴；葠苓无储蓄之笼，鹅湖莫建。情殷立雪，谁营问字之亭；志切凌云，未立横经之舍。熏陶无所，典礼阙如。盖造士兴贤为有司之专责，而成裘集腋期庶士之同心，爰集缙绅，共襄盛举。于是，汾榆俊彦，阀阅名媛，或捐廪捐囷，藏良人之志；或鸠工庀料，成大雅之堂。安笔砚于南轩，聚图书于东壁。马融绛帐皆秾桃李之华，何堦书堂尽设钟镛之器。听雍雍之雅颂不辍弦歌；盼济济之英才胥登廊庙。懿欤休哉！然而垂诸久者，慎厥初谋之臧，著计其远，经营匪易，载寒暑而告成，模楷维新，愿遵循而勿替。从此，溯新源于洙泗，联讲习于程朱，唯阙里之经咸之圣教，草灵光之赋共庆国华。伫看霞蔚云蒸，甲第与十徽媲美；行见珠辉壁旭，文章与三代同风。谨将董事台衔、捐资姓氏并列贞珉，永垂不朽！是为记。

钦加同知衔调补蒲州府永济县灵石县知县加三级

临桂　朱煐撰并书

劝捐绅士

岁贡生　杜先华　议叙九品衔　梁象斗　乙酉年举人　赵常余

董理绅士

千总职衔　祁执中　国子监典籍职衔　张钟玉 韩守礼

生员　赵好善　监生　杜翊唐

捐资姓氏

故候选主事梁秀钟之母梁武氏捐制钱二万串

共用过置买书院地基、木石砖瓦、油漆彩绘、各行工价，并修葺文成工料、匠价，统共制钱壹万贰千串零。内咸丰二、三年，山长、修脯、生董膏氽谷价，敦清绅董酒席，夙鉴谢仪及零星杂费均各在内，有帐可查。存交各当行生息制钱八千串。

大清咸丰三年七月吉日　立

附录4 买卖房产契约选录

1.梁觉衡出卖进士院契约

立卖砖窑院人梁觉衡，今将自己原置到夏门村枣园里旧院一所：内院北正窑三孔。窑上楼窑三孔。东厢窑二孔。东楼上下房两间。西厢窑两孔，西楼上下房两间。屏门腰墙，神堂。屏门外东厢房二间，西厢房二间，园内腰墙一甬，南墙一甬，影壁一座，墙外空地八尺，台阶栓马石桩，东南里大门一座，门楼一座在内。西南便门一座，门楼柱石在内，西南大门一座，门楼。石狮、台阶、柱石在内。大门以下内院厕坑、砖窑道路、内外水道、前后出入道路一切在内，前后上下门窗角尾俱皆不全，前后上下穿廊、彩片、柱石一切在内。东至梁德传家，西至卖主西院。南至道，北至栅只院。四至分明，上下前后土木金石相连，同中说合。情愿死契出卖与本村李长庚堂名下永远作业居住。言明死契。价干银壹百两整，其银当日交足，并无短少，原无红契。恐口无凭，立死契为证。所有西南大门有卖主西院出入道路一条。

梁奋胜

同中说合人梁榕、梁华阳、梁奋瀛

光绪三十一年十一月初一日立死契出卖窑院人梁觉衡立

2.梁觉衡出卖吹鼓棚契约

立卖吹鼓棚死契人梁觉衡，今将自己祖业西院屏门外吹鼓棚贰间，南墙一甬，东至买主，南至墙外，西至厅墙，北至两院门外，四至分明，上下木土金石相连。同中说合。情愿出卖与李友柱名下永远作业。言明死价白银四两整，其银当日交足，并无短少，恐口无凭，立卖死契为证。

梁向荣

同中说合人

梁奋瀛

书人　　　曹书勋

光绪三十二年正月十二日立卖死契人梁觉衡

3.梁廷勋卖房院契约

立卖大门死契人梁廷勋。因手中不便，今将祖遗旧院门楼、台阶、石条、屏门内东墙，俱已在内。东至墙外道，南至大门外台阶下道，西至买主，北至后院二门外台阶，四至分明，上下土木金石相连，同中说合，情愿出卖于李友柱名下永远作业。言明时值银洋壹拾贰元，其银当日交足，并不短少。其后院卖主出入行走，恐口无凭，立卖死契为证。

梁宝才
同中人
梁科翰
民国六年阴历十月廿八日立卖死契人梁廷勋

附录5 梁氏历代科举名录

1.进士

清·嘉庆　梁中靖　　辛酉科(嘉庆六年，1801年) 钦点翰林院庶吉士散馆
清·同治　梁奋庸　　甲戌科（同治十三年，1874年）江苏镇洋县知县

2.举人

清·康熙　梁　清　　已卯科（康熙三十八年，1699年）武举 候选守御所千总
清·嘉庆　梁永康　　辛酉科（嘉庆六年，1801年）文举 经元山东霑化、郓城、冠县知县
清·嘉庆　梁中孚　　癸酉科（嘉庆十八年，1813年）文举 安徽宁国、泾县、宣城知县
清·嘉庆　梁中舆　　癸酉科（嘉庆十八年，1813年）文举 楝选知县、太原县教谕
清·道光　梁象晋　　壬午科（道光二年，1822年）文举 临汾县教谕
清·道光　梁永魁　　壬辰科（道光十二年，1832年）文举 未仕
清·道光　梁园棣　　丁酉科（道光十七年，1837年）文举 江苏兴化、江都、句容、甘泉知县
清·光绪　梁恩霈　　壬午科（光绪八年，1882年）文举 怀仁县教谕推升知县

3.拔贡

清·乾隆　梁一诗　　辛酉科（乾隆六年。1741年）广西博白县知县
清·乾隆　梁企鸾　　丁酉科（乾隆四十二年，1777年）浮山县教谕

后 记

这两年，关于传统村落的保护，各方力量空前重视，相关工作如火如荼。中央的一号文件以及其他一些政府文件多次强调传统村落的保护。如2013年中央一号文件指出："加大力度保护有历史文化价值和民族、地域元素的传统村落和民居。"2013号中央城镇化工作会议公报提到："让居民望得见山，看得见水，记得住乡愁。"2014号中央一号文件指出："制定传统村落保护发展规划，抓紧把有历史文化价值的传统村落和民居列入名录，切实加大投入和保护力度。"

国家领导人在不同场合也多次强调传统村落的保护。2013年7月，习近平总书记在湖北考察时指出，"建设美丽乡村，不能大拆大建，特别是古村落要保护好"。2013年10月，汪洋副总理在全国改善农村人居环境工作会议上提出，"各级政府和有关部门，要高度重视传统村落保护工作"。2014年12月12日，政协主席俞正声主持召开全国政协双周协商座谈会，讨论"城镇化进程中传统村落保护"问题。

住建部等部门为了推进传统村落保护工作，做了大量卓有成效的工作。2012年4月16日，住建部等部门下发《关于开展传统村落调查的通知》，指导各地开展大规模的摸底调查。2012年，公布了第一批中国传统村落（646个）；2013年，公布了第二批中国传统村落（915个）；2014年，公布了第三批中国传统村落（994个）。截至2014年年底，已公布了2555个中国传统村落。另外，最近三年，中央财政将集中投入超过100亿元，推动传统村落保护工作。

在这样的大背景下，我们课题组一如既往的调查工作相对容易开展一些，得到了更多人的理解、认可、鼓励和支持。我们也更有信心继续做好这一工作！

山西省住房与城乡建设厅厅长李栋梁、副厅长李锦生、总规划师翟顺河等领导对这套丛书给予了高度重视和积极支持；村镇处处长于丽萍、副处长郭创为了保证调查研究工作的顺利开展做了大量的组织和协调工作；在我们现场中，灵石县规划局局长杨小虎、夏门村梁家毅、梁兰爱、温俊谦等给予了很多帮助；中国建筑工业出版社为了唤起民众的文化遗产保护意识，也肩担道义，愿意出版这套没有经济"效益"的书。在此，一并表示真诚的谢意！

薛林平

北京交通大学建筑与艺术学院

2015年1月23日